Piero Buscemi

Di dritto
e di rovescio

L'importanza del raccattapalle ed altre storie

**ZeroBook
2022**

Titolo originario: *Di dritto e di rovescio : L'importanza del raccattapalle e altre storie* / di Piero Buscemi

Questo libro è stato edito da **ZeroBook**: www.zerobook.it.

Prima edizione: Settembre 2022 :

ISBN 978-88-6711-218-0

Tutti i diritti riservati in tutti i Paesi. Questo libro è pubblicato senza scopi di lucro ed esce sotto Creative Commons Licenses. Si fa divieto di riproduzione per fini commerciali. Il testo può essere citato o sviluppato purché sia mantenuto il tipo di licenza, e sia avvertito l'editore o l'autore.

Controllo qualità **ZeroBook**: se trovi un errore, segnalacelo!

Email: zerobook@girodivite.it

Indice generale

Prefazione..9
L'importanza del raccattapalle...............................13
Di dritto e di rovescio..21
    Grazie, Roger Federer......................................21
    Bentornata Simona!..26
    L'Italia fuori dai Mondiali.................................32
    Ashleigh Barty lascia il tennis da numero 1......38
    Maradona..43
    Thiem conquista il suo primo Slam in carriera...47
    Francesca Schiavone regina di Parigi...............53
    Addio Ashley Cooper..59
    Donato Sabia ha finito la sua corsa..................63
    Tortu in finale a Doha......................................67
    19"72..69
    All'US Open 2019 un tennis di altri tempi........74
    Simona the Queen of Wimbledon 2019............79
    Berrettini, erede di Federer..............................81
    Internazionali d'Italia di tennis 2019................84

Naomi Osaka vince gli Australian Open 2019..................90
Tsitsipas batte Federer agli Australian Open................95
La Croazia vince la Coppa Davis 2018........................100
Alexander Zverev trionfa alle Atp Finals....................106
Federer, nove volte Basilea.................................112
Tennis: due italiani tra i primi 20 del ranking mondiale 117
L'Italia di Davis di nuovo competitiva?.....................121
Angelique Kerber, The Queen of Wimbledon................126
Camila Giorgi sfiora l'impresa a Wimbledon................130
Wimbledon: non è uno slam per teste di serie.............134
Sotto i dieci secondi..141
Simona Halep regina di Francia..............................146
Cecchinato batte Djokovic 6-3 7-6 1-6 7-6....................151
Juan Martin, il tennista che ha reso più umano Roger...158
Ci lascia un altro pezzo da 90 (° minuto) del giornalismo sportivo..163
Michael The Air...167
Roger Federer: venti svizzeri...............................171
Australian Open 2018..174
Chung Hyeon, un coreano con la racchetta in mano.....180
Elina e Sascha, regina e re di Roma.........................186
Roger Federer e la storia del tennis........................191
Thiem-Federer 7-6/6-4.......................................197
Senza pietà...202
Fabrizio Donato: triplo d'oro...............................207
Totti andrà ai Mondiali.....................................212
L'ultima discesa senza mani.................................218

Nota di edizione..223
  Questo libro..223
  L'autore..224
  Le edizioni ZeroBook..225

Prefazione

"Tu che hai giocato e giochi ancora a tennis, mi butteresti giù quattro righe?"
mi dice Piero mentre sto entrando in campo un sabato mattina. "Ma non sui tennisti vincenti, che è facile e si cadrebbe nella retorica. Meglio una tua cosa personale, una tua visione laterale del tennis e della sua evoluzione, un punto di vista soggettivo ed emozionale come può essere quello di un amatore, di chi come te pratica tennis da quattro decadi" conclude così, con la serena inconsapevolezza di chi non sa che ha appena rovinato un'ora di tennis ad un amico.

Non tanto o meglio non solo per il ricordo della sua "stagionatura" (quella purtroppo c'è, dato oggettivo), ma perché in effetti durante tutta la partita, a quel punto giocata male, mentre pensava a come il tennis si evolveva (evolveva? Ne parleremo più avanti) mentre lui "maturava", la sua mente andava indietro nel tempo, tirando fuori dalla cassaforte dei ricordi immagini in bianco e nero di un ragazzino fin troppo magro con una racchetta in mano.

Ho appena messo fuori una volée di rovescio così facile da eseguire che urla ancora vendetta (in effetti forse stagiono male). Fermo in mezzo al campo a riprendere fiato guardo la racchetta, un attrezzo tutto carbonio e grafite, 300 grammi di tecnologia e non posso non tornare indietro alla mia prima, rigorosamente in legno, una Maxima Torneo (di poche mie cose andate ho impressa in memoria la forma, questa è una di quelle), e al mio primo avversario, il muro di fronte casa mia, che mi rimandava indietro, lui senza sbagliare mai, palline regolarmente spelate.

Si era nei primi anni '70, e la vittoria di Panatta e compagni in Coppa Davis aveva sdoganato il tennis anche per noi nativi calciofili. Mi ricordo che giocavamo su ogni superficie possibile, costruendo improponibili campi da tennis delimitati dal gessetto e le cui dimensioni variavano sempre, condizionate com'erano dagli spigoli delle case e dalla larghezza degli spazi a disposizione (quasi sempre le vie del paese), poi si legava un filo da una parte all'altra e via andare, tutti contro tutti, a coltivare un sogno. Che poi non era neanche tennis, era solo una racchetta che urtava una pallina sperando che questa passasse di là dalla rete. Che la tecnica era scarsa, solo alcuni di noi ne conoscevano i rudimenti, avendoli appresi guardando avidamente le movenze dei tennisti in tv.

(Adesso è fin troppo facile imparare a giocare, tra tutorial su internet, canali dedicati al tennis, circoli con istruttori a disposizione). Ma non è questo il punto.

Voglio dire, nessun rimpianto, era così.

Solo che la mia generazione ha avuto una fortuna: ha vissuto il tennis in tv con la coppia Tommasi-Clerici (standing ovation). E chi ha la mia età sa di cosa parlo (gli altri, non sapendo mai cosa si sono persi).

Erano due attori di teatro prestati alla tv, con una competenza tennistica spropositata, Tommasi lo statistico e Clerici lo scriba.

Ogni loro telecronaca finiva per essere una carrellata di gag, richiami, citazioni anche extratennistiche, da scriverci un capitolo di libro ad ogni puntata. E alla fine della partita non ti dicevano quasi mai chi ha vinto il match (e forse a quel punto non ti interessava neanche più), ma sicuramente ti spiegavano alla perfezione perché e percome l'ha vinto. Padroni della lingua come pochi, hanno battezzato "Veronica",
la volé alta di rovescio di Panatta, un omaggio non ad una donna, ma al gesto sinuoso ed armonico dei toreri e da allora questo colpo viene così chiamato su tutti i campi da tennis. così riconosciuto. Oppure il mitico "circoletto rosso", nato in puro stile Tommasi per evidenziare durante le dirette i punti migliori per poi poterli rimandare negli highlight che nel tempo e nel parlare quotidiano è diventato sinonimo di colpo spettacolare.

Che poi il tennis si sia evoluto è tutto da dimostrare. Di sicuro è cresciuta la potenza dei colpi, la massa muscolare degli atleti e la loro altezza. Ma tutto questo ha reso il tennis monotono. Il più delle volte botta di servizio e botta di risposta, quando non scambi da fondocampo a chi tira più forte. Sono ormai mosche bianche quei tennisti "serve and volley" che palpeggiano la pallina come fosse un'amante e dipingono sul campo traiettorie non euclidee.

Dove è andato a finire il "pof, pof" (meraviglioso Panatta) di un colpo piatto, il suono dell'armonia di una volée a rete, dove?

Di sicuro non in tribuna, dove ho mandato la mia un attimo prima di chiudere questa disastrosa ora di tennis.

Giuseppe Pellizzeri

3 settembre 2022

L'importanza del raccattapalle

Quando S. mi convocò in redazione per annunciarmi che c'erano grosse novità per me, un minimo di diffidenza tipica di noi siciliani prevalse sulla curiosità. Intuivo che S. se ne sarebbe uscito con qualcosa di "straordinario e irrinunciabile", gli aggettivi che usava ogni qualvolta mi proponeva un servizio che nessuno accettava volentieri, che mi avrebbe fatto accantonare qualsiasi proposito, per buttarmi a capofitto su questa sua ennesima illuminazione. Con una certa rassegnazione valicai la porta della redazione in sommo silenzio, prendendo posto sulla prima sedia che mi venne a tiro. Alzando solo per un attimo la testa verso S., dissi: "Spara!". S. non aspettava altro. Un sorriso sornione di chi sa che, da lì a qualche secondo, avrebbe sconvolto la mia carriera di redattore, posò il sigaro sulla copertina di *On the road* di Kerouac e, aprendo il suo zaino, mi consegnò una busta anonima. "Non hai *scaciuni!*" – il suo lapidario commento. "Sei l'unico che ci può andare e l'unico che ci possa scrivere sù qualcosa." – la sua definitiva sentenza. Spizzicai l'evento come uno dei peggiori giocatori di poker potesse fare. "Minchia..." – l'imprecazione quasi mi si strozzò in gola, mentre dei patinati tagliandi di un rosso vivo scivolavano fuori dalla busta per incollarsi ai miei polpastrelli. Una scritta in nero si adagiò su quello sfondo porpora: Internazionali d'Italia di Tennis – Roma. "Semifinali e finali." – S. puntualizzò. "Questo ti costerà caro." – aggiunse. "Non mi dire che li devo pagare io?" – la mia timida domanda. "È un prezzo ancora più caro di quello riportato sui biglietti" - ci tenne a precisare. "Dovrai tornare con l'intervista dei vincitori del torneo, maschile e femminile". Pensavo già alla strategia da adottare per convincere i due tennisti a rilasciarmi le interviste. I biglietti che stringevo tra le dita sfatarono qualsiasi dubbio dalla mia mente. Avrei avuto le interviste.

Dalla redazione del giornale al Foro Italico fu un attimo e mi ritrovai in cerca della mia postazione da addetto stampa. Dalla sala stampa uno strano vociare. Il programma prevedeva le semifinali, come del resto confermava la mia prima giornata a Roma. Un collega mi informò che l'edizione di quest'anno aveva fatto registrare degli strani episodi. "Durante i quarti di finale maschili" - mi precisò – "uno dei due contendenti aveva chiesto la misurazione della rete, secondo lui più alta rispetto ai 91,4 cm previsti". Il tennista in questione era un americano conosciuto per i suoi 112 ace piazzati durante un incontro disputato a Wimbledon qualche anno prima, un risultato che non era riuscito a replicare a Roma. Si lamentò con gli arbitri che aveva notato un problema legato alla rete del campo che, secondo lui, era stata responsabile di aver abbassato la media durante i suoi turni al servizio. La misurazione gli aveva dato ragione: 93,5 cm. Ristabilita la misura, il gioco era ripreso e l'americano si era aggiudicato l'incontro. I mezzi investigativi erano stati sguinzagliati alla ricerca di un responsabile di quello che sembrava un sabotaggio e l'atmosfera che si viveva era impregnata da un senso di vulnerabilità dei rinomati servizi di sicurezza del Foro Italico dagli sviluppi imprevedibili.

Occupai la mia postazione. Il programma prevedeva un incontro tra una rumena e un'olandese. Il primo set, molto equilibrato, si era chiuso con un combattuto 7-5 per la rumena. L'inizio del secondo set era coinciso con il cambio delle palline, come il regolamento prevedeva. La tennista olandese si accingeva a riprendere il gioco con il suo turno di servizio, ma un'inspiegabile perdita di tempo aveva irritato l'avversaria e la pazienza dell'arbitro che aveva annunciato un warning all'olandese. La tennista si diresse verso l'arbitro, mostrando uno strano rimbalzo della pallina. Un gelido improvviso assalì i giornalisti presenti. La richiesta da parte della tennista olandese, per quanto singolare ed inconsueta, obbligò l'arbitro all'ennesima verifica. Quando lo schermo elettronico sentenziò che la pallina pesava circa dieci grammi in meno dello standard regolamentare, un OOOHHH... di sorpresa generale monopolizzò la cavea. L'arbitro controllò il peso dell'intero treno di palline. Il responso fu racchiuso in un altro OOOHHH... unanime del pubblico. La sostituzione totale del palline consentì la conclusione dell'incontro, con la qualificazione alla finale della tennista rumena, nonostante le continue proteste manifestate anche a fine incontro dall'atleta olandese che, per stizza, aveva rifiutato la stretta di mano all'avversaria, gesto di atavica sportività e rispetto che il tennis si trascina da decenni.

La regolarità degli incontri rimanenti del programma non subì altri misteriosi fuori programma. A riaccendere le preoccupazioni degli organizzatori ci pensò il maltempo. La sera un nubifragio non previsto si abbatté su Roma. La pioggia battente durò per tutta la notte e l'indomani mattina, un pezzetto di cielo azzurro e un timido raggio di sole andò a posarsi sul capo annerito dai pensieri e dall'ansia della notte appena conclusa del responsabile della sicurezza, facendogli tornare una smorfia di sorriso. Già in postazione per godermi e documentare l'atto finale del torneo, pregustando le interviste, ebbi tempo per alzare lo sguardo verso un sole sempre più invadente e insperato, proprio osservando le operazioni di scopertura del campo dal telo antipioggia, uno degli addetti bloccò il movimento di riavvolgimento e si voltò verso il responsabile chiedendo con gli occhi una risposta. "Minchia... non ci potevo credere!" – per un attimo la mia natura sicula si materializzò con questa espressione di sorpresa che non riuscii a soffocare in gola, provocando un risolino di approvazione da parte degli altri giornalisti seduti accanto.

A fondo campo la geometria di linee che tratteggiavano il campo di gioco, mostrava quello che molti all'inizio pensarono fosse solo un'illusione ottica. Una metà della linea di fondo era completamente sparita. Fu in quel silenzio imbarazzante che una figura si mosse da fondo campo per posizionarsi a centro campo. Lo riconoscemmo tutti: era John Mc., grandissimo campione di tennis del recente passato. John Mc. si rivolse alla platea: "Si, sono io il colpevole di questi sabotaggi. Ho calpestato questo terreno e tanti altri in giro per il mondo. L'ho fatto per tanti anni, vivendo in prima persona la trasformazione di questo nobile sport. Ho assistito alle evoluzioni dei materiali che hanno violentato il tennis in questi ultimi decenni, ma confidavo sulla fiducia che la tecnica e l'estrosità di molti campioni avrebbero sempre prevalso sugli attrezzi. Così credevo: palline che viaggiano ad oltre 150 km orari, servizi di battuta che stazionano oltre i 210 orari, scambi prolungati da fondo campo con sempre più rare giocate a rete. Oggi assistiamo ad uno spettacolo sempre più velocizzato, tanto da rendere difficile seguirlo. L'elettronica è diventata necessaria per sfatare i dubbi che l'occhio umano non riesce più a registrare. Continuando così, cosa diventerà il tennis tra qualche anno?".

Il pubblico era ammutolito. John Mc. riprese a parlare: "Ho ascoltato le ultime proposte avanzate per rendere questo sport ancora più veloce. Set che si chiudono a 4 game, il killer point sul 40 pari, la revoca della regola del net durante il servizio. Perché tutta questa fretta? Se volevamo vedere uno sport di velocità, c'era già l'automobilismo. Il tennis è un'altra cosa. Cosa volete veramente che diventi questo nobile sport?". Nel pronunciare questa ultima domanda, il campione voltò lo sguardo verso la raccattapalle posizionata a centro campo, con un ginocchio appoggiato su un cuscinetto che le evitava il contatto con la terra rossa. Una giovane ragazza dallo sguardo furbo ed enigmatico. La giovane raccattapalle, quasi ad assecondare un sentore istintivo che proveniva dallo sguardo d'intesa di John Mc., ricambiò il gesto schiacciando l'occhiolino e velando a fatica un risolino beffardo che provava a nascondere la complicità con il campione e con la sua recente confessione.

Intanto il silenzio aveva monopolizzato la scena. Nessuno osò accennare una risposta alle provocatorie domande di John Mc.. Ad un certo punto, qualcuno accennò un applauso di approvazione. Seguì un caloroso battere di mani che esplose spontaneo dal fondo opposto del campo. Proprio in quel momento, apparve uno dei due protagonisti della finale maschile. Si trattava di un giovane tennista tedesco che aveva sorpreso gli avversari durante i turni precedenti che lo avevano portato alla finale. Alto quasi due metri, così magro da sembrare ancora più alto. Aveva spazzato la concorrenza con un gioco potente e alcune bordate al servizio che il misuratore elettronico aveva registrato, segnalando addirittura la velocità della pallina a 229 km/h. Il tedesco si posizionò per rispondere. John Mc.

afferrò la sua vecchia e fedele racchetta di legno. Il pubblico cominciò a sospettare di una bizzarra esibizione che deliziasse la platea prima della vera partita di finale. John Mc. proseguì nel suo rito preparatorio che lo aveva contraddistinto durante la sua lunga carriera. La giovane raccattapalle si era spostata a fondo campo, pronta a lanciare le palline da utilizzare per il servizio. Lanciò la prima, poi anche la seconda. La terza era come una regola da non sfatare. Mi aspettavo già il giochino delle tre palline che roteano nella mano del tennista, prima che una scelta non sempre giustificata, ne fa scartare una che viene restituita al raccattapalle di turno e ne fa mettere una in tasca, nel caso il primo tentativo di battuta dovesse fallire. Come da copione, John Mc. restituì una pallina alla raccattapalle. La ragazza incrociò ancora una volta lo sguardo con il campione. Poi, senza proferire parola, strizzò per un istante gli occhi. John Mc. a quel segnale, lanciò la pallina che da qualche secondo aveva cominciato a far saltellare sulla terra rossa. La ragazza prontamente ricambiò il lancio restituendo la pallina che il tennista aveva precedentemente scartato. Fu un breve scambio di sorrisi, poi il campione si posizionò per eseguire la battuta. Gamba destra avanzata rispetto alla sinistra. Un leggero ripiegamento delle ginocchia. Con la mano destra lanciò la palla in alto. Con la sinistra un perfetto *slice* oltrepassò la rete. Il tedesco rispose con il suo rovescio a due mani, con una tale potenza che sembrò a tutti volesse quasi abbattere l'avversario e nel contempo il passato glorioso del suo avversario. John Mc., già a rete con un balzo felino, colpì la palla in demi-volée. 15-0... Seguirono scroscianti applausi provenire dagli spalti. John Mc. si voltò istintivamente verso la giovane raccattapalle. Un sorriso smagliante della ragazza illuminò la scena. "Ben tornato John... ben tornato tennis" – furono le uniche parole pronunciate dalla ragazza, prima che mi risvegliassi nella mia stanza con i tagliandi rossi che lentamente scivolarono sul pavimento sfiorandomi le mani.

Di dritto e di rovescio

Grazie, Roger Federer

Ha annunciato il ritiro, ipotizzato e atteso con la giusta rassegnazione. Il tempo passa per tutti, anche per un campione che, riguardo il tempo, ci ha dedicato gli ultimi venti anni.

16 settembre 2022

"Dio si è ritirato". Una frase a molti blasfema o irrispettosa ha commentato la notizia del ritiro dall'attività agonistica di Roger Federer. Un modo, forse azzardato, per definire un campione che per due decenni ci ha riavvicinato al tennis più tradizionale. Quarantuno anni sono anche troppi per uno sport in continua evoluzione, dove le prestazioni fisiche e mentali, come abbiamo più volte sottolineato, sono diventate i fondamentali per competere a livello professionistico.

I suoi tifosi più realistici avevano già anticipato questo momento il 14 luglio 2019, quando il campione svizzero non trasformò quei due match point contro il rivale di sempre, Novak Djokovic, in quella finale indimenticabile di Wimbledon. Sarebbe stato il coronamento di una carriera di un tennista che, pur essendo già da anni nella leggenda, avrebbe coronato la carriera sull'erba che lo ha consacrato tra i più grandi. La ciliegina sulla torta non fu messa e il serbo si aggiudicò l'incontro al quinto set in un assurdo tie-break.

Roger Federer ha rappresentato qualcosa di diverso, di magico, di inarrivabile nel mondo del tennis, in continua trasformazione con risvolti che hanno sensibilmente abbassato il livello dell'eleganza, dell'estrosità e dell'imprevedibilità che nei decenni ha avvicinato e distanziato generazioni di giovani sportivi, più facilmente catturati da altri sport meno tecnici e, a dirla tutta, meno psicolabili.

Ripercorrere la carriera del campione svizzero sarebbe come attraversare venti anni di tornei, successi, sconfitte, magie che ci hanno risvegliato da un torpore da divano e telecomando per istigarci a indossare una pantaloncino e una maglietta e correre nel primo campo di tennis a disposizione per solo immaginare di emulare i gesti e la quasi perfezione di certe movenze atletiche.

Abbiamo sperato fino all'ultimo che Federer avesse avuto la forza e, sicuramente la voglia, di rimettersi in gioco, nonostante troppi blocchi fisici degli ultimi anni. Abbiamo commesso l'errore di costruire attorno a lui il mito dell'immortale, in senso sportivo, la leggenda vivente che non può essere scalfita neanche dall'arroganza degli avversari, né da un implacabile scorrere degli anni che si traducono in acciacchi fisici, ginocchia che cedono, una maggiore lentezza nei tempi di reazione e di esecuzione. Eravamo già pronti a sognare un nuovo tentativo la prossima estate nella sua seconda casa, che è stata Wimbledon per otto volte. Magari una rivincita con

Djokovic che avrebbe superato i limiti della leggenda.

Ci sarebbe bastato anche rivederlo nella sua città a Basilea il prossimo fine ottobre, pronti a guardarlo commuoversi come una giovane promessa al suo primo torneo ATP. Una scena che lo vedrà protagonista la prossima settimana alla Laver Cup, quella sorta di esibizione che vede da una parte i migliori giocatori europei e dall'altra il Resto del Mondo, ideata dallo stesso Federer in onore del tennista australiano Rod Laver, in grado di completare due volte il *Grande Slam*.

Non rimane che affidarci alle immagini dei suoi grandi successi, ma anche delle sue sconfitte, tra un tweener e un passante piatto di rovescio, tra un pallonetto in controbalzo da fondocampo e una smorzata quasi a tagliare una pallina in due. Tra una pallina che passa dietro il paletto della rete e l'applauso sincero dell'avversario che si inchina alla raffinata imprevedibilità.

Rimarremo lì a ripassarci quei momenti che hanno trasformato la fatica in emozione, da custodire e tramandare alle nuove generazioni, nella illusoria speranza che "dio" Roger, dopo tre giorni possa risorgere.

Bentornata Simona!

6-3/2-6/6-3 è il risultato finale del torneo femminile di tennis di Toronto, concluso con la vittoria di Simona Halep ai danni di Beatriz Haddad Maia.

14 agosto 2022

Il tennis conserva il suo fascino dopo tantissimi decenni grazie anche all'imprevedibilità del risultato finale, qualsiasi sia il punteggio della partita in un dato momento dell'incontro. Addirittura è stato più volte provato che non occorre neanche vincere il numero maggiore di punti, o di quindici se preferite, per aggiudicarsi la vittoria e, più di quando si possa immaginare, molti successi si realizzano con la vincita dei punti importanti e decisivi.

Una simile situazione la si può vivere anche in altri sport, pensiamo alla pallavolo o alla pallacanestro, ad esempio. Tornando a parlare di tennis, questa regola mai scritta diventa un percorso obbligato e uno sviluppo quasi scontato, quando da una parte della rete possiamo vedere giocare la rumena Simona Halep.

Questa sua caratteristica di approccio alle partite, questa sua eterna fragilità emotiva nonostante una lunga carriera che la vede, alla soglia dei trentuno anni il prossimo 27 settembre, con una bacheca già degna per essere iscritta nella storia di questo sport come una delle tenniste più forti degli ultimi decenni, non bastano ad averle sviluppato il carattere vincente, forse anche arrogante, ma certamente necessario che questo sport impone per raggiungere certi risultati e con una certa continuità.

Confrontata con altre protagoniste del circuito femminile della WTA, appare sempre come un'atleta vulnerabile e pronta a crollare in qualsiasi momento della partita, anche quando il vantaggio è così netto da concederci un attimo di distrazione tra un cambio di campo e l'altro. Accade spesso che, mentre diamo per scontato un risultato acquisito dalla rumena, ci siamo ritrovati a commentare un'incredibile sconfitta che sconvolge qualsiasi bozza di articolo, imbastito durante la partita.

L'incredulità della stessa campionessa rumena, quando ha avuto occasione di sollevare al cielo il trofeo della vincitrice, occasione tra l'altro che ha potuto vivere anche su palcoscenici prestigiosi, quali Wimbledon, Parigi e Roma, lascia sempre una sensazione di occasionalità dell'evento vittorioso, come se fosse un incidente di percorso tra una cocente sconfitta e l'altra.

Anche questa vittoria, conquistata col carattere e la forza di reazione che comunque hanno sempre caratterizzato il suo gioco e la sua presenza in campo, è sembrata a più riprese durante l'incontro come la solita partita della Halep, in attesa da un momento all'altro di un capovolgimento del risultato e con il solito sorriso amaro che la rumena ha dovuto sfoggiare in occasione delle cerimonie di premiazione, tre volte è successo in altrettanti finali del Grande Slam e, addirittura, diciotto volte ha dovuto cedere la vittoria in altri tornei del circuito.

Quest'anno, quasi a volerci smentire e a intraprendere una strategia diversa che possa dare una svolta alla sua carriera, ha avuto due occasioni per giocarsi una finale. La prima a gennaio al Melbourne Summer Set, la seconda al Rogers Cup di Toronto, proprio oggi 14 agosto. In entrambe le occasioni, Simona Halep ha sollevato il trofeo della vittoria.

Non sappiamo se la rumena sarà in grado davvero di acquisire dal nuovo allenatore, il francese Patrick Mouratoglou che, da qualche mese, ha preso in mano la gestione della vulnerabilità della tennista, specialmente sotto l'aspetto mentale, non trascurando alcuni fondamentali che anche nel torneo di Toronto hanno creato eccessivi ed evitabili problemi alla Halep.

Problemi che, se si sono concentrati specialmente in eccessivi doppi falli che hanno, in ogni incontro disputato, consentito a grandi recuperi sul punteggio da parte delle avversarie, spesso si sono aggiunti a una eccessiva fretta nel chiudere gli scambi che hanno provocato tantissimi errori gratuiti. Non che la tennista brasiliana, Beatriz Haddad Maia, non abbia avuto i suoi meriti nel trascinare la partita al terzo set, dopo che con molta sicurezza la Halep aveva vinto il primo con il punteggio di 6-3. La tennista brasiliana si è aggiudicata il secondo con netto 6-2 che faceva presagire un epilogo diverso.

Nel terzo set, il carattere e la voglia di vincere, o forse di non perdere di Simona Halep hanno indirizzato la partita a suo favore. Questo non le impedito di regalare all'avversaria qualche occasione di modificare il risultato finale, con altri errori al servizio della rumena e alcune sbracciate inutili da fondo campo che hanno fatto toccare la pallina molto oltre la linea di fondo dal lato di campo della brasiliana.

Quando, proprio con il suo colpo più problematico, Simona Halep ha visto la risposta della Maia fermare la sua corsa contro la rete, la rumena ha sollevato gli occhi e le braccia al cielo, quasi a voler cercare nel misticismo le reali motivazioni della sua vittoria.

Il sorriso smagliante e rilassato, apprezzato in ogni caso in tante occasioni nelle quali l'abbiamo ammirata, ha tolto la tensione anche ai suoi numerosi tifosi che hanno continuato durante tutto il torneo a urlare il suo nome e a sventolare la bandiera rumena dagli spalti.

Avremo modo di poter verificare i progressi, specialmente mentali, della rumena nei prossimi tornei di fine stagione che la vedranno protagonista. Il torneo di Cincinnati è imminente e ai trentaduesimi di finale dovrà affrontare un ostacolo alquanto duro, quale la tennista ceca Karolina Muchovà. L'ultimo slam degli US Open la potrebbe rivedere come protagonista, un torneo dove ha raggiunto soltanto nel 2015 la semifinale come miglior risultato. Nel frattempo è risalita alla nona posizione della classifica mondiale e al quarto posto in quella della corsa per le WTA Finals di fine anno. È proprio il caso di dire: Bentornata Simona!

L'Italia fuori dai Mondiali

Perdendo la semifinale di spareggio contro la Macedonia, la nazionale azzurra campione d'Europa non andrà in Qatar

25 marzo 2022

Lo sport non dovrebbe mai mescolarsi con le vicende politiche e di attualità in genere. Sembra uno dei tanti ammonimenti che, come molte altre cose umane concepite per essere disattese a secondo della più o meno convenienza del momento.

Nella pratica l'esempio della estromissione degli atleti russi dalle varie discipline sportive internazionali, motivata dalla guerra, è proprio la conferma che lo sport e la politica vanno da sempre a braccetto. Un unico filo conduttore di pensiero e percezione su quanto stiamo vivendo, come se su questo argomento non si avesse diritto a ipotizzare una versione diversa o, sarebbe sufficiente, provare a farsi delle domande prima di accettare passivamente la versione ufficiale diramata a livello globale.

È una regola applicata e consolidata degli ultimi decenni. Vale per qualsiasi cosa possa coinvolgere direttamente o indirettamente l'essere umano e quindi l'opinione pubblica. Una sorta di livellamento cerebrale che dovrebbe, a detta degli esperti, creare una società uniformata che non deve porre domande, non deve analizzare, non deve arrivare a conclusioni che non siano in linea con il dogma di moda di un dato momento.

Quando poi si parla di calcio, si potrebbero sprecare pagine intere per esternare un personale parere su quanto riguarda l'attrazione principale che "aggrega" (le virgolette sono intenzionali e ognuno ha la libertà di interpretare il proprio personale retroscena) miliardi di persone nel mondo, quindi anche in Italia.

Vedere la nazionale di calcio vanificare la possibilità di recarsi in Qatar a novembre per disputare le fasi finali, a causa della sconfitta subita ieri sera a Palermo contro la Macedonia, ha lasciato una profonda delusione nei sostenitori degli azzurri. Qualsiasi considerazione o effetto collaterale passa in secondo piano davanti a un insuccesso sportivo che riguardi in modo particolare il calcio. Un'attenzione distratta può in alcuni casi indurre qualcuno più sensibile a valutare certi aspetti legati a irregolarità o a violazioni di qualsiasi genere, come a un incidente di percorso da riporre nell'oblio il prima possibile.

Non stiamo parlando di risultati sportivi, si tratta di diritti umani violati e calpestati in nome dell'enfatizzazione all'ennesima potenza di una manifestazione sportiva, i Mondiali di calcio in Qatar appunto, come se morire all'interno di un cantiere di lavoro a causa di un incidente forse evitabile, o collassare senza vita per un eccessivo sfruttamento fosse un effetto collaterale da mettere in conto e inevitabile.

Stiamo parlando delle statistiche ufficiali diramate da tempo da Amnesty International che ci hanno informato come in Qatar, dal 2010 al 2019 sono morti 15.021 stranieri di ogni età e occupazione ma che le cause comunicate del decesso sono inattendibili.

Stiamo parlando di quel 71% di lavoratori migranti del Bangladesh deceduti in Qatar tra novembre 2016 e ottobre 2020, archiviati come vittime di "cause naturali", come la stessa Amnesty International ha ribadito.

Stiamo parlando di uno dei principali rischi per la salute dei lavoratori migranti in Qatar, ampiamente documentato quanto prevedibile, che è dato dall'esposizione a temperature estreme e a tassi elevati di umidità - come comunicato da Amnesty.

Amnesty International ci informa anche che nel 2019 il governo del Qatar ha commissionato uno studio al laboratorio greco FAME, dal quale è emerso che i lavoratori che avevano solo le protezioni minime previste dalla legge rischiavano assai di più di avere un colpo di calore rispetto a un gruppo di lavoratori impiegati nei progetti per i mondiali di calcio del 2022, che hanno normalmente standard più alti di protezione. Sempre nel 2019 uno studio condotto dalla rivista "Cardiology" ha trovato una correlazione tra caldo e decessi di lavoratori nepalesi in Qatar e ha concluso che "almeno 200 dei 571 decessi per problemi cardiovascolari dal 2009 al 2017 avrebbero potuto essere evitati".

Sono dati che, non solo dovrebbero far riflettere su come quotidianamente giungiamo a conclusioni e giudizi sommari e deviati sulle vicende del mondo, allineandoci spesso ingenuamente più al fenomeno mediatico che al dietro le quinte che ogni fatto umano comporta, ma sono anche dati che sarebbero sufficienti per ipotizzare un boicottaggio da parte dei Paesi più sensibili, o presunti tali, sul rispetto dei diritti umani tra i quali non si possono escludere quelli dei lavoratori, sfruttati e addirittura deceduti, impegnati alla realizzazione e alla garanzia dello spettacolo del calcio, a qualsiasi costo e sacrificio.

Che il mondo sportivo italiano potesse sorprenderci con una decisione fuori dall'indottrinamento comune accettato da tutti, annunciando il boicottaggio dell'evento in Qatar per protesta e rispetto su quelle migliaia di morti innocenti, era un auspicio e un gesto da considerare nobile, se non coerente con le belle parole che spesso i nostri governanti spiattellano dalle aule parlamentari. Non ci ha sorpreso!

Ci ha pensato il sommo poeta a giustificare la follia e la contraddizione di milioni di Italiani inebriati e narcotizzati dal dio pallone. Il nostro Dante Alighieri, involontariamente, ci ha dato lo spunto per applicare la sua indiscutibile legge del contrappasso che ci sentiamo di collimare con l'eliminazione della nazionale dai mondiali. Una mera illusione di giustizia divina che, senza volerlo, immaginiamo abbia ristabilito un minimo di giustizia e di rispetto per la vita umana, non sacrificabile inutilmente, che sia una guerra o qualsiasi evento sportivo a placare le coscienze.

Ashleigh Barty lascia il tennis da numero 1

Un annuncio inaspettato ha colto di sorpresa il mondo del tennis professionistico.

23 marzo 2022

Se questo annuncio, il ritiro, lo avesse fatto Roger Federer, con dispiacere ma senso della realtà legata ai suoi oltre 40 anni di età e con degli infortuni seri subiti negli ultimi tempi sarebbe stato accolto con una giustificata rassegnazione. A 25 anni, età della campionessa australiana, sorprende più del dovuto, nonostante le soddisfazioni personali e i successi di prestigio conseguiti nella breve carriera di Ashleigh Barty.

Un'atleta che lascia il segno nel panorama sportivo in genere per la sua capacità di rimanere nell'ombra al cospetto di personaggi del tennis femminile, meno vincenti ma sicuramente più appariscenti, dove a dirla tutta le doti atletiche hanno spesso lasciato ampio spazio all'esternazione della bellezza femminile e ai pettegolezzi legati ad amori veri o presunti con altri protagonisti maschili di questo sport.

La Barty rientra invece e, ci concediamo la licenza, a pieno merito, tra quelle atlete che hanno esternato la parte più sportiva sui campi, dimostrando una superiorità tecnica e agonistica che le ha consentito di raggiungere traguardi che altre colleghe, da più anni sul circuito, non hanno neanche sfiorato.

Ventisei anni il prossimo 24 aprile, statura normale di un metro e sessantasei centimetri, corporatura robusta a fronte dei suoi 62 kg dichiarati, si è aggiudicata tre dei quattro tornei slam, ambiti da qualsiasi tennista nel corso della propria carriera. Roland Garros nel 2019, Wimbledon nel 2021 e gli Australian Open quest'anno, le manca il successo agli US Open dove ha raggiunto soltanto il quarto turno come miglior risultato, consolandosi con la vittoria in doppio conseguita nel 2018 in coppia con la statunitense Coco Vandeweghe.

Sarà stato il successo in casa a Melbourne a farle prendere questa decisione? Forse non lo sapremo mai. Sarebbe come immaginare il nostro Berrettini in campo maschile aggiudicarsi gli Internazionali d'Italia in programma a Roma il prossimo maggio e annunciare subito dopo il ritiro dal circuito. Situazione poco probabile, ma che fà riflettere su come questo sport rappresenti una difficile e impegnativa prova di resistenza, più legata all'aspetto mentale che a quello fisico.

Sentirsi appagata dopo essersi aggiudicata lo slam di casa può avere inciso sulle sue scelte di vita, di sicuro nulla da rimproverarle considerando lo stress continuo che una tennista deve sobbarcarsi in tutta la carriera, tra viaggi, allenamenti durissimi, concentrazione mentale al limite di una giocatrice di scacchi. Il tutto ripetuto per anni, specialmente quando puoi vantare successi che il pubblico si aspetta di vedere confermati nell'immediato futuro.

Ci sembra, almeno in parte, di rivedere la storia tennistica di Bjorn Borg, il campione svedese che annunciò il ritiro a ventisei anni, nonostante una carriera di successi e con prospettive per il futuro che gli avrebbero sicuramente regalato altre soddisfazioni. Borg qualche anno dopo provò pure a ritornare nel circuito ma l'esperienza non è certo una di quelle da ricordare.

Non sappiamo se la Barty seguirà l'esempio del campione svedese e se nei prossimi anni, o magari anche mesi in caso di un clamoroso ripensamento, la ritroveremo iscritta nei più importanti tornei dove ha saputo lasciare la più classica delle tracce indelebili di questo sport. Le auguriamo di trovare gli stimoli giusti per dedicarsi ad altre priorità e passioni, trovando le stesse motivazioni e successi anche nella sua vita privata.

Di sicuro, si prospettano dei risvolti rivoluzionari nel settore femminile del tennis che, come abbiamo potuto constatare, dopo il dominio assoluto di Serena Williams, aveva trovato nella Barty una possibile erede con una certa stabilità e continuità di risultati che in campo femminile rimane sempre aleatoria. La polacca Iga Swatiek, attuale numero 2 del mondo e recente vincitrice degli Indian Wells, starà già pregustando la conquista della prima posizione, fino a ieri non così scontata, alla tenera età di poco più di venti anni.

Maradona

Diego Armando Maradona è morto all'età di 60 anni

25 novembre 2020

Massimo Troisi, grande amico di Maradona, nel suo *Scusate il ritardo* del 1982, dialogando con Lello Arena alla domanda "meglio un giorno da leone o 100 da pecora?" risponde "meglio 50 da orsacchiotto". Un'ironia sulla vita e sui luoghi comuni che dovrebbero indicarci le scelte da seguire dalle quali, forse, poterne godere i frutti nell'età della ragione. Diego Armando Maradona è una fase della vita che non ha mai raggiunto, nonostante avesse compiuto 60 anni il 30 ottobre scorso.

Non avrà sicuramente vissuto da orsacchiotto e senza dubbio non era nato per vivere da pecora. Leone lo è stato specialmente nella caratteristica che identifica il re della foresta. La fierezza e talvolta anche la presunzione di guardare al mondo come se tutto gli fosse dovuto. Peculiarità sulle quali potremmo discutere se le rivolgiamo all'animale con la criniera, maggiori certezze le abbiamo con l'uomo Maradona.

Così lontano dall'idea di un'esistenza votata alla normalità, quella sorta di tranquillità anche agonistica che è stata il marchio di fabbrica di altri assi del calcio, più del passato che del presente. Come se fosse stato possibile, ha scelto di andarsene anche lo stesso giorno di Fidel Castro, il suo emulo rivoluzionario morto quattro anni fa, proprio il 25 novembre.

Sportivamente parlando ha inciso le pagine della storia del calcio con gli eccessi della violenza dei suoi avversari nel tentativo di fermare l'eleganza dei suoi passi felpati, aiutato da un'altezza non paragonabile a quella dei fuoriclasse dei tempi moderni, ma che nei decenni ha sempre rappresentato l'estrosità la velocità l'imprevedibilità difficilmente riscontrabile in atleti più possenti.

Maradona però ha saputo scrivere due pagine parallele, che spesso si sono incrociate fino a confondersi. Serpentine imprevedibili sul filo sottilissimo di un equilibrio che sfociava in una danza davanti alla quale fermarsi ad ammirare. Il rovescio della medaglia è stato tutto il resto. È stato la Napoli che ha saputo e ha voluto chiudere gli occhi, ammaliata dai suoi giochi di prestigio, per dimenticare in novanta minuti quella storia che raccontava la speculazione camorristica di quella ricostruzione dal sisma del 1980 che, altra curiosa coincidenza, è stato ricordato qualche giorno fa e che è stato scritto sui libri con il nome Irpinia, ma che la città partenopea con tutte le sue contraddizioni ha vissuto in prima persona.

Maradona ha acceso la fantasia e il sogno infantile di milioni di ragazzini, non solo napoletani. Il legittimo desiderio di scrollarsi di dosso la povertà delle strade impolverate per calcare i palchi della notorietà come gesto di riscatto sociale. Un simbolo del sud che umilia il nord ricco ed operoso con le partite vinte quasi da solo contro le blasonate Juventus, Milan, Inter.

Successo da raggiungere ad ogni costo. Manipolando l'innocenza di un bambino che sognava di giocare ai Mondiali e di vincerli addirittura. Il sogno che diventa realtà, è proprio il caso di dirlo. La mente e l'onestà intellettuale ci riporta anche ad immagini che non avremmo mai voluto vedere. Sfarzosi festini e sputi in faccia a quella povertà che ha acceso gli stimoli del riscatto. Maradona è stato anche un emulo negativo perché il passaggio dall'umiltà delle case sgretolate di periferia argentina, o quelle *sgarrupate* dei vicoli ha un costo. Quello di macchiarsi di protagonismo senza il minimo scrupolo di influenzare nel peggiore dei modi generazioni di giovani a fantasticare un futuro migliore.

Questo scugnizzo che rimpiangeremo per sempre, nonostante tutto, era il re del mondo se questo mondo lo prendeva tra i piedi, facendolo scivolare sul ginocchio o volteggiare sulla testa. La morte, poi, come ebbe a dire un altro indimenticabile "napoletano" quale fu Totò, livella anche i giudizi e le remore. Due vite parallele come abbiamo visto, apparentemente. Vissute intensamente, forse troppo, ma che hanno toccato quella di miliardi di persone, illuse per un attimo che un calcio ad un pallone possa rendere diversa la vita. Per novanta minuti, migliore.

Thiem conquista il suo primo Slam in carriera

Battendo il tedesco Zverev al quinto set, Dominic Thiem si aggiudica il torneo degli US Open e iscrive il suo nome tra i grandi del tennis

16 settembre 2020

Lo slam di fine anno, quello che in molte occasioni ha aggiustato o sconvolto la classifica Atp ribaltando le posizioni occupate fino a quel momento, giocato nel silenzio ovattato dei campi di Flushing Meadows di New York, ha dato una svolta, non sappiamo se definitiva e lo dubitiamo fortemente, per ricambiare il panorama tennistico internazionale dopo due decenni buoni di dominio del trio Rafa-Roger-Nole.

Soffermandoci su questa grossa novità nella storia del tennis, considerando che Thiem ha ventisette anni, un'età diremmo matura se confrontata a quella post-adolescenziale che molti tennisti, a parte i tre già menzionati, hanno potuto vantare anche nel recente passato per vincere il primo slam in carriera. Il tennis è cambiato, lo abbiamo detto più volte su queste pagine. Non tutti hanno giudicato questo cambiamento come un segnale positivo, altri non riescono neanche ad immaginare un tennis che possa essere diverso da quello "ammirato" negli ultimi anni proposto dalle nuove generazioni.

Di sicuro molti addetti ai lavori sono concordi nel dichiarare che oggi, grazie o purtroppo per colpa dei nuovi materiali utilizzati per costruire le racchette, per la copertura delle superfici dei campi, la preparazione atletica dei tennisti e tutto ciò che si nasconde nella dicitura "moderno", come dicevamo molti si trovano d'accordo nel pensare che con due fondamentali, di solito il servizio e uno dei due colpi tra il diritto e il rovescio, si può tranquillamente competere nelle prime 30 posizioni del ranking.

Certo vincere anche i tornei, non solo i major, ci vuole ben altro. Un tradizionale requisito che il tennis impone e che è rimasto invariato nei decenni, è la gestione mentale di un incontro che rappresenta una buona percentuale per arrivare fino in fondo e sollevare il trofeo. Quella forza mentale che costruisce e prolunga nel tempo una carriera ad altissimi livelli, rappresentando sempre il ruolo di favorito senza badare troppo all'aspetto anagrafico.

La stessa forza che, per motivi che non abbiamo nessuna intenzione di sindacare in questo articolo, hanno portano un campione come Djokovic a lasciare quello che sarà il ricordo indelebile di questa edizione degli US Open, più della stessa prima consacrazione di Thiem. Quella palla che colpisce la giudice di linea che avrebbe potuto avere conseguenze più gravi, ha lanciato un messaggio che non dovrebbe essere sottovalutato.

È giunto il momento di chiamare le cose con il loro nome, come da tempo qualcuno ci invita inutilmente a fare. Si è sentita puzza di sindrome calciofila, non solo con quel gesto, ma con tutti gli episodi che stanno monopolizzando il palcoscenico di questo sport, rischiando di trascinarci tutti in quella assuefazione alla degenerazione di quello spirito sportivo che anche il calcio un tempo ha rappresentato.

Nel passato le incandescenze, spesso più scenografiche che reali, che un giovane McEnroe o un Connors, tanto per citarne qualcuno, erano l'eccezione di un comportamento che a volte ci ha mostrato il tennis come un circolo Pickwick riservato a pochi e osservato col dovuto distacco e un'eccessiva ammirazione, da farci credere che questo sport fosse riservato ad eccelse figure che non avremmo mai avuto il coraggio e i mezzi per emulare.

Racchette spaccate sul terreno con sprezzo di qualsiasi rispetto verso generazioni di giovani speranzosi di emergere dai campi più bistrattati del mondo che, ogni fine partita, hanno la cura di accarezzare la propria racchetta e di riporla con dovizia dentro il fodero. Qualcuno ancora avvolge il bordo superiore della racchetta con nastro adesivo per paura di graffiarla accidentalmente. Provocazioni continue verso gli arbitri, gesti di stizza che rasentano la volgarità, arroganze gratuite anche nei confronti degli avversari non sono di certo quanto vorremmo vedere ancora nel presente e nel futuro di questo sport.

Ci basta già la qualità del gioco a farci allontanare da certi spettacoli. Chiamiamo le cose con il loro vero nome, senza inutili sdolcinamenti: la partita Thiem-Zverev è stato uno spettacolo sportivo del quale non poterne fare a meno? O più schiettamente è stato l'ennesimo esempio di noia e monotonia di scambi infiniti di potenza da fondo campo, servizi a 130 miglia orari e ridicoli errori, non appena uno dei due protagonisti ha espresso rarissimi colpi tecnici da spezzare un unico filo conduttore dell'incontro?

Cinque set che solo un eventuale pubblico presente sugli spalti avrebbe avuto la pazienza di assistere fino al tie-break conclusivo. Conoscendo il carattere, difficilmente da credere teutonico di Alexander Zverev, neanche sul 2-0 a suo favore nel conteggio dei set, aveva fatto spostare di molto le previsioni "live" degli scommettitori sul risultato finale. Forse l'unico aspetto emozionante, questo recupero del tennista austriaco che, oltre ad essere scontato e atteso nelle varie fasi della partita, ha reso la partita un prolungamento trascinato che dubitiamo molti abbiano realmente avuto voglia di votarsi al sacrificio.

La registriamo come una novità dell'albo d'oro di uno dei quattro tornei più importanti ed ambiti da tutti i tennisti, considerando anche che quest'anno abbiamo dovuto rinunciare all'edizione di Wimbledon e lo stravolgimento del calendario del tour che ci porterà a seguire il Master 1000 di Roma in questi giorni seguito subito dopo dal Roland Garros, provando almeno a consolarci puntando su qualche magistrale interpretazione dei nuovi talenti con un occhio di riguardo al nostro Sinner, mina vagante tra passato e futuro di questo sport al quale, nonostante tutto, non riusciamo a rinunciare.

Chiudiamo con un consiglio: non andate a rivedere la finale degli Australian Open del 29 gennaio 2017 tra Roger Federer e Rafael Nadal, finì al quinto set, ma azzardare a fare un confronto rischierebbe di farvi prendere la decisione di non guardare più un incontro di tennis per i prossimi anni.

Finale·Arthur Ashe Stadium

Alexander Zverev-Dominic Thiem 6-2/6-4/4-6/3-6/6-7(6-8)

Francesca Schiavone regina di Parigi

Dieci anni da quel magico 5 giugno. Parigi e la terra rossa del Roland Garros si vestì di azzurro

5 giugno 2020

Grinta da vendere. Quel rovescio in back che ha messo in difficoltà per anni campionesse sulla carta più blasonate. Nessun timore reverenziale verso qualsiasi avversaria. In campo fino all'ultimo colpo con la stessa intensità e vigore agonistico del primo punto del primo game. Sono le caratteristiche tecniche ed agonistiche che stanno dietro il nome di Francesca Schiavone.

Il tennis femminile non era mai arrivato così in alto prima della sua impresa. Il tennis in generale italiano ci era arrivato in poche occasioni. Le imprese erano sempre arrivate con uno stacco generazionale che aveva segnato un solco nello stile, nell'abbigliamento, nei materiali usati. Raggiungere i quarti di finale ma anche gli ottavi era già un risultato che veniva enfatizzato allo stesso livello di un successo.

Vincere uno slam non è cosa semplice, neanche in campo femminile che si ostina a mantenere la formula dei due set su tre anche nei quattro tornei più importanti e ambiti, Australian Open, Roland Garros, Wimbledon e US Open. Una variazione nel genere che consentirebbe di dimostrare che le ragazze non abbiano nulla da invidiare agli uomini sotto l'aspetto fisico e la resistenza alla fatica, dando agli slam un'impronta di impresa più significativa.

In ogni caso, giocare uno slam comporta una fatica mentale che supera di gran lunga quella fisica, nonostante già la durata dei tornei che superano le due settimane. L'atmosfera poi che porta i partecipanti a doversi misurare costantemente con un passato ed un presente glorioso con chi è riuscito a posizionare nella bacheca di casa l'ambito trofeo. Più volte si è sottolineato come questi quattro tornei fanno la differenza tra il passare alla storia come una campionessa di tennis da contrapporre ad una leggenda.

Essere italiani, come abbiamo già accennato, non ha rappresentato collocarsi tra i favoriti di qualsiasi torneo. Appartenere al gentil sesso, lo esclude a priori. Non è mai stata solo una questione di tecnica o di scuole di tennis non all'altezza. Occorre un elenco di caratteristiche che bisogna sfoggiare contemporaneamente e per un periodo indefinito di tempo per poter ambire anche ad un successo non così blasonato come lo slam di Parigi. Cattiveria agonistica, freddezza, controllo mentale e, aspetto non trascurabile, una forza di volontà e consapevolezza dei propri mezzi da rasentare l'antipatia.

Le tenniste italiane da sempre forse hanno peccato in questo requisito. La femminilità di Flavia Pennetta, la simpatia di Roberta Vinci, la timidezza di Sara Errani, l'eleganza di Camila Giorgi, tanto per citarne qualcuna, non sono connotati sufficienti per competere con vere "guerriere" con la racchetta in mano che hanno monopolizzato questo sport per anni. Tutte insieme hanno unito queste componenti da consentire all'Italia di avere per anni una delle squadre più competitive nella Federation Cup degli ultimi anni.

Francesca Schiavone è riuscita in quello che altre avevano fallito. I nomi crollati sotto la tecnica dei suoi colpi e il suo sorriso beffardo che durante il torneo sembrava esternare un'incredulità della stessa campionessa su quanto stava compiendo, erano abbinati al panorama più in voga di quegli anni del tennis femminile. Francesca passò quasi inosservata fino agli ottavi di finale, come se fosse scontato aspettarsi da lei il minimo sindacale col superamento dei primi turni. L'incontro contro la russa Kirilenko era passato in secondo piano rispetto al Wozniacki-Pennetta, considerato la partita della speranza per il tennis italiano. Accadde che la Schiavone vinse in due set (doppio 6-4) e la Pennetta lasciò spazio alla danese, perdendo 2-6 al terzo dopo due estenuanti tie-break.

Ai quarti Francesca si ritrovò proprio la campionessa danese, costretta a vendicare la sconfitta di Flavia. Molti pensarono di dovere assistere ad una passeggiata da figurante della tennista italiana, di fronte allo strapotere dell'allora numero 3 del mondo. Dire che fu una schiacciante vittoria dell'italiana con un perentorio 6-2/6-

3 non lo si crede realmente accaduto neanche adesso a dieci anni di distanza.

Un'altra russa in semifinale. La temutissima Elena Dement'eva. Primo set combattutissimo, vinto al tie-break dall'italiana. Il secondo non fu giocato per problemi fisici della russa costretta al ritiro. Guardando l'altra semifinale che vide la nettissima vittoria dell'australiana Samantha Stosur contro la serba Jelena Jankovic con un 6-1/6-2 che collocò la Schiavone come vittima sacrificale dalla muscolosa australiana considerata ormai da tutti come la vincitrice predestinata del torneo.

Quella tipica smorfia di Francesca, molto simile ad un sorriso che metabolizza la tensione e trasforma tutto in un semplice gioco, che ritorna ad essere vita un secondo dopo l'ultimo punto. Quel suo caratteristico gesto, quasi di umiltà, di chi non crede mai di essere un personaggio solo per avere il privilegio di prendere a colpi di racchetta delle palline di gomma, quello che l'ha vista pulire la linea di fondo ad ogni cambio di campo, è diventato il segno distintivo di quella edizione del più importante torneo di tennis francese. 6-4/7-

6 il risultato finale. I numeri del trionfo di Francesca Schiavone, che seppe interpretare lo spirito più vero di questo sport. Il rovescio ad una mano, che racchiude da solo l'eleganza e la tecnica della campionessa italiana. Le sue discese a rete a spezzare la potenza della Stosur, disposta ad indirizzare l'incontro in uno scontro fisico e di potenza da fondo campo.

Non la dimenticherà mai quell'impresa di dieci anni fa, la nostra Francesca che nel frattempo si è anche ritirata. Non lo dimenticheremo neanche noi, appassionati di questo sport. Una campionessa che ha saputo lottare e sconfiggere un brutto male, oggi a quaranta anni rappresenta un esempio per tutti i giovani che si avvicinano a questo sport. Non ci dispiacerebbe rivederla in campo, anche in occasione di qualche esibizione, e farci catturare dalla sua umanità che ha fatto di lei una campionessa, e del pubblico italiano dei tifosi appassionati.

Addio Ashley Cooper

22 maggio 2020

Le racchette erano di legno, le corde di budello. Le palline erano bianche e il gesto sportivo era una pluralità di elementi che andavano dall'eleganza al tocco raffinato che dava al tennis un'immagine di signorilità riservata a pochi. In campo si scendeva con il classico maglioncino smanicato a V. Erano gli anni dei grandi campioni della scuola australiana. Neale Fraser e Rod Laver, quest'ultimo poi monopolizzò le attenzioni della stampa sportiva da adombrare qualsiasi altra impresa, australiana o internazionale che fosse.

Ashley Cooper non era apprezzato per un particolare gioco dove la classe e la genialità facesse la differenza. Era un tennista molto più solido e concreto rispetto al già citato Laver o a un Ken Rosewall, prediligeva le superfici veloci dove ha riscosso i più importanti successi, ma non sfigurava sulla terra battuta.

Si fece notare nel 1957 con la vittoria agli Australian Open poco più che ventenne. Vincere gli AO per un giocatore australiano era di quanto meglio si potesse desiderare per una intera carriera, senza considerare che la vittoria in questo slam rappresentava il salto di qualità nel tennis che conta. Ripeté l'impresa l'anno seguente ma il 1958 è anche ricordato come l'anno della grande impresa del campione australiano che nello stesso anno si aggiudicò anche Wimbledon e gli US Open, arrivando ad un passo dal Grande Slam eliminato al Roland Garros dal cileno Luis Ayala in semifinale.

Nel biennio 1957-58 fu registrato come numero uno del mondo. Intendiamoci, non era l'era degli astrusi calcoli al computer per stilare la classifica, ma i quattro slam conquistati non mettevano in dubbio che lo fosse. Tecnicamente sarà ricordato per il suo splendido rovescio che ha fatto scuola per i campioni dei decenni successivi e che per gli intenditori, rimarrà il gesto tecnico d'espressione di eleganza e plasticità che il tennis offre allo spettatore.

Nel due anni su menzionati dell'apice raggiunta da Ashley John Cooper, occorre ricordare nel 1957 le due sconfitte in finale in altri due importanti slam, rispettivamente a Wimbledon a spese di un altro grande australiano Lew Hoad (morto nel 1994), e agli US Open da un altro connazionale Malcolm Anderson. Nel 1958 si aggiudicò gli AO e gli US Open ai danni proprio di Anderson, Neale Fraser battuto l'anno precedente agli AO, fu il finalista del trionfo a Wimbledon di Cooper.

Erano altri tempi, sicuramente. Migliori o peggiori non spetta a noi giudicare, e forse nessuno ne ha veramente il diritto di farlo. Un'espressione molto lontana ed un'interpretazione diversa di uno sport che, come abbiamo sottolineato in altre occasioni, è talmente mutato da rischiare col passare del tempo di snaturare completamente lo spirito che lo ha fatto nascere.

Rimaniamo dell'idea che gli anni di Cooper, di Laver, di Rosewall, ma anche del nostro Pietrangeli sono stati quelli che hanno dimostrato che per praticare questo sport occorreva una completezza su tutti i colpi fondamentali che il tennis implica. Oggi, spesso, ci capita di assistere a campioni che oscillano nelle prime posizioni della classifica mondiale potendo contare solo su un paio di fondamentali.

Ashley John Cooper era nato a Melbourne il 15 settembre 1936 ed è deceduto il 22 maggio 2020.

Donato Sabia ha finito la sua corsa

È deceduto, a seguito di complicazioni al contagio con il Covid-19 uno dei migliori atleti italiani nella specialità dei 400 e 800 metri piani

8 aprile 2020

Il nome di Donato Sabia torna all'attenzione dei media nel momento peggiore della sua esistenza. Donato ha praticato per anni uno sport che, a parte casi eclatanti legati a imprese sportive durature o alla stessa vita privata dei protagonisti, non lascia una particolare striscia di ricordi nel panorama sportivo, specialmente quello italiano.

Un altro ragazzo del sud che ci lascia. Uno dei tanti che ha sudato più del dovuto per emergere nell'atletica leggera, provenendo da una realtà geografica che non concede grosse possibilità in strutture ed impianti per poter cimentarsi nello sport partendo comunque da una pari opportunità.

Donato Sabia ci era riuscito. Con i sacrifici e la dedizione che questo sport comporta.

Specialista negli 800 metri, dove è riuscito ad ottenere i migliori risultati, vantando un tempo di 1'43"88 (terzo tempo assoluto di sempre in Italia), dotato di una buona velocità, si era dedicato anche ai 400 metri, specialità nella quale riuscì ad ottenere un dignitoso cronometraggio in 45"73.

Poco più che ventenne, grazie a queste sue caratteristiche atletiche, era riuscito a stabilire la migliore prestazione mondiale sull'insolita e non contemplata tra le distanze ufficiali, dei 500 metri con il tempo di 1'00"08, un record che è durato ben 29 anni. I risultati migliori a livello agonistico li ha conseguiti con la qualificazione per due edizioni consecutive alla finale degli 800 metri, rispettivamente alle Olimpiadi di Los Angeles nel 1984 (si piazzò 5°) e a quelle successive di Seul dove concluse al 7° posto. Nel 1984, inoltre, vinse la medaglia d'oro nella distanza in occasione dei Campionati Europei Indoor di Gotebor.

Sappiamo, senza grossi giri di parole, che se il virus del momento non avesse colpito questo atleta, portandolo alla morte che, per ironia della sorte, si era portato via anche il padre qualche giorno prima, il suo nome sarebbe rimasto dormiente nel dimenticatoio per tanti anni ancora. Sarebbe rimasto sicuramente sconosciuto alle nuove generazioni, salvo qualche atleta della sua stessa specialità o qualche appassionato di storia dell'atletica leggera.

Forse è il destino di molti praticanti di sport che vengono oscurati da personaggi più blasonati e più pagati, le cui stesse vite diventano oggetto di discussione e di attenzione dei media. In queste settimane qualsiasi programma televisivo dedicato allo sport ha monopolizzato gli argomenti sul destino del campionato di calcio in corso, deviando soltanto l'attenzione nel periodo in cui si è definitivamente stabilito il rinvio dell'edizione delle Olimpiadi che si sarebbero dovuto disputare a Tokyo.

L'atletica prevede per l'anno 2020 i Mondiali Under 20 a Nairobi, previsti dal 7 al 12 luglio, gli Europei Under 18 a Rieti dal 16 al 19 luglio e l'appuntamento più atteso, visto il rinvio delle Olimpiadi, dei Campionati Europei a Parigi dal 25 al 30 agosto. Non sappiamo se queste competizioni potranno essere regolarmente disputate e l'andamento delle vicende mondiali legate al Covid-19 non consente di fare alcuna congettura in merito.

Donato Sabia, purtroppo, non potrà in ogni caso essere spettatore. L'atleta ci ha lasciato all'età di 56 anni. Era nato a Potenza l'11 settembre 1963.

L'ordine di arrivo degli 800 metri ai Campionati Europei Indoor del 1984

Italia Donato Sabia 1'48"05 (Medaglia d'oro)
Francia André Lavie 1'48"35 (Medaglia d'argento)
Regno Unito Phil Norgate 1'48"39 (Medaglia di bronzo)

Tortu in finale a Doha

Col tempo di 10"11 e il terzo posto in semifinale, l'azzurro entra in finale della gara più attesa dei Mondiali di Atletica a Doha.

28 settembre 2019

Filippo Tortu realizza il sogno della finale dei 100 metri piani ai Mondiali in corso a Doha. Dopo la delusione della prima semifinale che vedeva protagonista l'altro azzurro Jacobs, ma imbeccato in una gara sbagliata sin dall'inizio, con un errore al terzo appoggio, finendo settimo, Tortu non ha deluso le aspettative e si appresta a sfidare i fuoriclasse della specialità, dopo il ritiro di Usain Bolt dalle competizioni, tra tutti lo statunitense Coleman (9"88 in semifinale).

Tortu ha già eguagliato un record. Quello di Pierfrancesco Pavoni, che fino ad oggi, era l'unico azzurro ad aver raggiunto una finale in una competizione iridata nella gara dei 100 metri, impresa realizzata nel 1987 a

Roma. Il resto lo accetteremo con gratitudine, qualsiasi risultato possa raggiungere, sapendo comunque che un'eventuale prestazione ai suoi livelli massimi, con la possibilità di ritoccare il suo record italiano di 9"99, non esclude qualsiasi tipo di prospettiva nel responso che la finale ci regalerà. Non resta che aspettare le 21,15 di questa sera per unirci alla grande soddisfazione del nostro atleta. Qualsiasi cosa accadrà.

Prendendo a prestito una battuta dello stesso Tortu, ai microfoni della Rai, al termine della semifinale, salutiamo i lettori con un "A frappé... come direbbero i francesi".

19"72

Quattro decenni da quel 12 settembre 1979. Città del Messico. Pietro Mennea. Si potrebbe non aggiungere altro...

12 settembre 2019

Certi numeri sono collegati a un nome ben preciso. In questo caso sembra anche un anno da ricordare, perché poi il 1972 ci richiama subito le Olimpiadi di Monaco, il terrorismo, un altro periodo storico politico di forti squilibri internazionali, dai risvolti imprevedibili. In quella edizione, poi, Pietro Mennea aveva da poco compiuto venti anni e al suo esordio olimpico, raggiunse la finale e si aggiudicò la medaglia di bronzo. Diciamo che la combinazione 19-72 dimostrò subito di essere un binomio identificabile con il campione di Barletta.

Il 12 settembre si celebra proprio l'impresa. Il traguardo cronometrico che ha lasciato il nome di Pietro Mennea negli annali dell'atletica leggera internazionale di sempre. Città del Messico, la capitale in altura dell'edizione del 1979 delle Universiadi. Il velocista italiano non tradì le aspettative. Già maturo, mentalmente e fisicamente, tagliò il traguardo per primo con quel fantastico ed incredibile per quei tempi, 19 secondi e 72 centesimi. Record del mondo.

Forse non tutti riuscimmo a vedere in tv quella straordinaria gara. La gara delle gare. Quella che nei decenni ha conquistato la passione di milioni di giovani che si dedicano a questo sport. La gara monopolizzata dagli afro-americani o da qualche atleta originario delle colonie britanniche o francesi. Certo anche Jamaicani e tutti quei paesi che hanno da sempre offerto atleti dalla muscolatura elastica e veloce da non consentire, almeno in questo campo, alcuna possibilità di rivalsa da parte del mondo "bianco".

Lo stesso record del mondo di Mennea aveva azzerato quello dello statunitense Tommy Smith che, nel 1968, lo aveva portato a 19"83, in quella epica e polemica (scusate il gioco di parole) finale delle Olimpiadi disputate sempre in Messico, con le indimenticabili immagini dei pugni in aria, avvolti dal guanto nero da parte dello stesso Smith e da John Carlos, per protestare sulle discriminazione razziali, mai del tutto tramontate. Davvero curioso accostare la carriera sportiva di Mennea con questi episodi "rivoluzionari" o ancor più "tragici" come quello citato di Monaco '72. Una sorta di riflesso storico con la natura controcorrente e fuori dell'ordinario che ha finito per creare il campione che è passato alla storia con i suoi successi.

In questi quattro decenni, nell'atletica e in modo particolare nelle gare di velocità, sono accadute tante cose. Molte esaltanti. Campioni come lo statunitense Micheal Johnson, che sarà proprio l'artefice del nuovo primato mondiale strappato a Mennea dopo oltre diciassette anni. Il 19"66 di Johnson conseguito nel 1996 nei campionati nazionali statunitensi, sarebbe diventato 19"32 alle Olimpiadi di Atlanta dello stesso anno. Ma abbiamo visto anche il "figlio del vento" Carl Lewis, che correva tutto: 100 metri, 200, staffetta e salto in lungo. Le sfide di fine anni '80 col canadese Ben Johnson, radiato poi per doping. Poi, negli ultimi anni, arrivò Usain Bolt, il jamaicano con le ali ai piedi e oggi quel 19"19 di Berlino 2009, dopo dieci anni, sembra un record che durerà nel tempo.

Una disciplina, quella della velocità, quindi anche i 200 metri piani, che con tutti i risvolti e i dubbi sulla regolarità e le sostanze utilizzate per migliorare le prestazioni, rimane una delle più affascinanti di sempre. La competizione con se stessi, prima ancora che con gli avversari. Mettersi alla prova, sondare i propri limiti, provare a superarli, rispondendo ad un istinto naturale che si manifesta sin dai primi anni di vita. Perché, a pensarci bene, i bambini non imparano a camminare. Da subito, i primi passi assomigliano già al bisogno di soddisfare un'irrefrenabile voglia di correre.

Quello che resterà sempre nei ricordi degli appassionati di questo sport è la determinazione, a volte anche eccessiva ed antipatica, caratteristica dell'essere Pietro Mennea. Quella che oggi, dopo quaranta anni, ci fa ricordare un bianco, dal fisico mingherlino e dalla corsa un po' sbilenca, che lasciava sfogare gli avversari nei primi centoventi metri gara, poi metteva il turbo e mentre gli altri concorrenti andavano in riserva, volava sul traguardo lasciandosi dietro tutti.

All'US Open 2019 un tennis di altri tempi

Taylor Townsend accede agli ottavi dell'ultimo slam di stagione, sbarazzandosi in due set (7-5/6-2) della rumena Sorana Cirstea

31 agosto 2019

Averla vista nel turno precedente vincere al terzo set contro la ex numero uno del mondo e recente vincitrice di Wimbledon, Simona Halep, rientrava tra quei pronostici che si mettono sempre in conto, quando al di là della rete c'è la campionessa rumena, in grado di grandi risultati e di crolli psicologi devastanti da permetterle di perdere con qualsiasi avversaria si trovi di fronte.

Certo, la partita dell'americana Townsend, proveniente dalle qualificazioni, era stata degna di attenzione dai più esperti di questo sport che, da tempo, avevano dimenticato che il tennis è uno sport che si possa ancora giocare con tatticismo, colpi di volo e pressione sotto rete, senza obbligatoriamente trasformare una partita in uno scambio estenuante da fondo campo a colpi di forza e precisione dove, oltre alla preparazione fisica, conta molto di più la tenuta mentale a sostegno del resto del corpo costretto ad inseguire e recuperare la potenza dell'avversaria, espressa indifferentemente con il dritto e il rovescio bimane.

Taylor Towsend si è presentata con uno stile di gioco che molti avevano sottovalutato o, quanto meno, non avevano considerato potesse dare alla lunga risultati determinanti. Quel gioco tipicamente vintage, a volte nel vederla giocare, ci vengono in mente la classe ed il tocco di un polso sensibilissimo di Martina Navratilova, anche se non amiamo molto fare simili confronti.

Quelle discese a rete a seguire il servizio, sia con la prima palla che con la seconda, sfruttando anche una massa corporea che copre molto bene la visuale di intervento di chi viene attaccato, sono l'arma vincente di questa ragazzotta che ha confermato il suo stato di forma e le sue intenzioni d'ambizione in questa edizione degli US Open.

Oggi si è presentata costretta a confermare quanto già visto con la Halep, trovandosi di fronte un'altra rumena, Sorana Cirstea, non così dotata neanche di quei colpi di potenza da fondocampo che sono la caratteristica principale della più quotata connazionale. Ed è così che la Townsend, dopo un approccio di studio dell'avversaria, che ha portato il punteggio sul 5 pari al primo set, ha cominciato a rompere gli indugi ed attaccare anche nei turni di risposta.

Ha sperimentato questa tattica sin dall'undicesimo gioco, quando ha strappato a zero il servizio della Cirstea e poi ha chiuso il primo set sul 7-5. Il secondo set è stato in discesa, con la rumena in piena confusione agonistica, pressata sempre di più da una sempre più sicura americana, capace di chiudere ogni tentativo di passante che la rumena ha tentato. Il punteggio di 6-2 finale del secondo set ha lanciato l'americana agli ottavi di finale.

Quello che ha maggiormente colpito, vedendo all'opera l'atleta statunitense, è quel tipo di gioco che ci ha regalato campioni del passato, in modo particolare in campo maschile, che hanno monopolizzato questo sport su un fondamentale sul quale hanno costruito la loro carriera e, quindi, i loro successi.

Nel tennis moderno, le nuove protagoniste si sono trovate in grosse difficoltà a decidere in una frazione di centesimo di secondo il lato giusto attraverso il quale passare l'avversaria. Essere costrette a scegliere in un brevissimo spazio di tempo se provare il lungolinea, l'incrociato o il pallonetto, non rientra ormai da anni tra le preparazioni e gli allenamenti delle nuove campionesse. A dirla tutta, la Townsend è stata in grado di mettere in dubbio in una settimana di tennis d'altri tempi, che lo sport portato in giro per il mondo in questi ultimi decenni, di fatto è interpretato da limitate tenniste con una scarsa tecnica esecutiva dei più importanti e storici colpi che hanno fatto di questo sport, uno dei più tecnici da interpretare.

Abbiamo assistito in moltissime partite quelle giocate a rete da parte di vincitrici di tornei importanti, degne del più amatoriale circolo di tennis provinciale. Un fenomeno riscontrabile anche in campo maschile. Per non parlare dei colpi classici, ammirati per anni da fenomenali esecutori del passato, quali la smorzata o la palla bloccata al volo che ricade sul terreno con un rimbalzo di pochi centimetri.

Pensare che Townsend possa essere la nuova interprete di un tennis più tradizionale e tecnico, ci riempie di speranza e di orgoglio riaccendendo l'entusiasmo e la passione verso questo sport che rischia realmente di annoiare gli spettatori in un monotono gioco da pallettari ad alta velocità, o al massimo (o al minino) in una serie infinita di servizi vincenti, sparati a 200 km/h.

Non sappiamo se l'americana sarà in grado di confermare le premesse. Di sicuro, la nuova stessa canadese poco più che diciannovenne, Bianca Andreescu, probabile avversaria agli ottavi della Townsend e, ironia della sorte di origine rumene anche lei, forse avrebbe preferito rinviare lo sfida a qualche turno più avanti. In attesa delle conferme o delle smentite, godiamoci i raffinati colpi sottorete dell'americana, come da tempo non ne godevamo.

Simona the Queen of Wimbledon 2019

Doppio 6-2 e Simona Halep si sbarazza di Serena

13 luglio 2019

Che lo volesse vincere questo torneo, non ha perso tempo a farlo capire all'avversaria sin dai primi colpi. Portarsi sul 4-0 nel primo set non è solo una questione di giornata storta della Williams, fallosa sicuramente, ma con Simona in perfetta forma fisica per ribattere e recuperare le bordate dell'americana.

Se poi oltre a recuperare, quei colpi impensabili diventano vincenti allora si comprende che fosse la giornata di Simona Halep. Concentrata, determinata, per niente intimorita dall'alea storica dell'avversaria che ha riscritto l'intera letteratura di questo sport al femminile. La Halep ha saputo anche regalarci momenti di grande tennis, sotto l'aspetto tecnico, con colpi di rovescio ad una mano che hanno messo in risalto un'evoluzione tecnica che si era già notata con il servizio, negli ultimi tempi diventato l'arma in più della strategia tattica della rumena.

Nonostante un tifo di circostanza a favore di Serena, con molti a sognare una sorta di vendetta generazionale da parte di una tennista alla soglia dei trentotto anni, pronta a risollevare l'ambito piatto, dove averlo visto sfuggire dalle mani l'anno precedente per "colpa" della Kerber. La vera notizia è, oltre ad avere avuto la conferma che Wimbledon rimane uno dei tornei più ambiti della carriera di qualsiasi tennista, c'è da considerare l'annullamento della sindrome della eterna seconda, ingiocabile fino alla semifinale di molti tornei, per poi mollare mentalmente all'atto finale. Una caratteristica della carriera sportiva di Simona che, giunta alla sua maturazione sportiva, aggiudicandosi il suo secondo slam in carriera, dopo il Roland Garros del 2018, ha imboccato una strada, ce lo auguriamo per lei, che potrebbe regalarle altre soddisfazioni.

Berrettini, erede di Federer

6-4/7-6 in finale ad Auger-Aliassime e Marco Berrettini trionfa a Stoccarda

16 giugno 2019

Giocare sull'erba non è semplicemente giocare a tennis. La superficie veloce, imprevedibile e viscida, crea dei rimbalzi, anzi delle scivolate della pallina, difficilmente gestibili se non si possiedono doti di velocità, non solo nella corsa, ma in modo particolare nella reattività ai colpi ricevuti dall'avversario dall'altra parte del rettangolo.

Se poi l'avversario di turno, in una finale che, ereditaria del successo conseguito da un certo Roger Federer l'anno precedente e rinunciatario a questa edizione, era la promessa, già in parte mantenuta, del tennis mondiale, ossia il canadese "abbronzato" Auger-Aliassime, il risultato finale non era certo scontato.

La partita, in effetti, è stata molto equilibrata e il punteggio finale, 6-4/7-6, con un tie-break durato quasi quanto un set (13-11), ha lasciato il pubblico presente sugli spalti nel dubbio che la partita potesse avere una coda con un terzo set che, a parte i nazionalismi di rito, il canadese meritava di giocare.

Così non è stato e registrare un'importante vittoria del nostro campione romano, qui a Stoccarda era uscito vincitore anche Fognini nel 2013, è una buona notizia in vista del ricambio generazionale di questo sport che, senza qualche incertezza, aspettiamo da tempo nel nostro paese.

Con il successo a Stoccarda, Marco Berrettini, dopo le vittorie a Gstaad nel 2018 e di Budapest dello scorso aprile, raggiunge la sua terza vittoria nel circuito Atp e, per gli amanti delle classifiche, da lunedì, sarà il nuovo numero 22 del mondo. Considerando il rientro a certi livelli di Seppi, oggi vincitore contro Zverev senior nel torneo di Halle, il raggiungimento di un certo consolidamento ai vertici di Fognini, la mina vagante Cecchinato e un Sonego a corrente alternata, possiamo confidare in un futuro immediato di piccole e grandi soddisfazioni, in attesa che i decani di questo sport si decidano a lasciare spazio e a mietere ulteriori vittorie in tornei anche più importanti.

Altra nota positiva di questa giornata di tennis, è sottolineare i 23 anni di Berrettini e i quasi 19 di Auger-Aliassime, un segnale importante sulle prospettive future di questo sport che, almeno nei risultati, possa far parlare di se con nuovi personaggi e protagonisti. Se ci limitiamo ad accontentarci di abituare i riflessi visivi e la percezione del gioco a velocità e potenza dove il tocco di classe o creativo di certi interpreti del tennis, diventerà nel tempo sempre più un motivo di nostalgia. Sarà per questo che stanno prendendo sempre più spazio e risonanza certe divagazioni di questo sport, tra paddle, beach tennis e altre forme fantasiose che si verranno a creare, per rendere il tennis, o quello che sarà, un po' più spettacolare di una sorta di tiro al piattello, nel quale lo abbiamo trasformato?

Internazionali d'Italia di tennis 2019

Epilogo scontato sia in campo femminile che maschile. La Pliskova per la prima volta, Nadal si conferma per la nona volta.

22 maggio 2019

Assistere alle finali di domenica di questa edizione degli Internazionali d'Italia di tennis a Roma, non ha certo suscitato grosse emozioni o incertezze sull'esito finale. In campo femminile, dopo la "strage" dei grossi nomi già nei turni precedenti, era davvero azzardato pronosticare una Konta che potesse impensierire più del dovuto la Pliskova. A tratti, durante la finale, è sembrato addirittura che la ceca attraversasse fasi di noia assoluta in alcune fasi di gioco. Un allenamento solo un poco più impegnativo, tanto per giustificare il protocollo dell'ultimo incontro in programma, davanti ad una platea neanche così coinvolta in quei velocissimi 19 game, per un risultato finale di 6-3 6-4 senza mai alcun motivo di pensare che un'eventuale reazione della britannica potesse mettere a rischio l'orario d'inizio della finale maschile.

E così, come previsto dal programma, anche gli uomini, rispettivamente lo spagnolo Nadal e il serbo Djokovic sono tornati a confrontarsi per contendersi un titolo Atp. Il piccolo sforzo di Rafa per chiudere ed aggiudicarsi il torneo per la nona volta, ha tenuto gli spettatori sugli spalti per tre set, durante i quali, neanche il 6-4 a favore del serbo del secondo set, ha messo in dubbio chi avrebbe sollevato il trofeo alla fine. A parte l'umiliante 6-0 subito dal serbo nel primo set, schiacciato e ridicolizzato dalle bordate dello spagnolo da fondo campo, a disegnare le sue classiche traiettorie a lambire le linee di fondo o laterali.

Moltissimi punti conquistati dal dritto "innaturale" di Nadal che, per un'inspiegabile strategia al suicidio, è stato costantemente solleticato dal gioco di Nole, quasi come un bizzarro masochismo agonistico che, a tratti, è sembrata una seduta di allenamento atta a verificare l'efficacia di questo colpo dello spagnolo. Ma si è potuto "ammirare" di meglio. Un serbo che ha provato durante i tre set di dimostrare che, a qualche giorno dal compimento dei suoi 32 anni, non ha ancora capito come eseguire una smorzata degna di questo nome. Di certo è un colpo che ha provato frequentemente, non solo durante la finale. In semifinale contro Schwartzman e nei quarti contro l'altro argentino Del Potro, ha insistito provando questo colpo risolutivo, collezionando decine di palle che non arrivano a lambire neanche la rete nel proprio lato di campo. E altrettante figure di m...ediocre giocatore di fino.

Alla fine, bordate da fondocampo dello spagnolo a togliere il ritmo e la regolarità del serbo. Rarissime chiusure a rete, più per un fatto occasionale che per una ricerca vera di dare allo scarso spettacolo, quanto meno un tono d'essai, considerando che prima dell'inizio dell'incontro, Gustavo Kuerten, il brasiliano che qui vinse nel 1999, è stato premiato con la racchetta d'oro, consegnatagli da Nicola Pietrangeli. Un giocatore che ha lasciato un ricordo di eleganza e creatività nella mente degli appassionati di tennis.

Un'altra che avrebbe potuto dare qualche lezione al serbo su come eseguire un'efficace smorzata, poteva essere la nostra Roberta Vinci, anche lei premiata con la racchetta d'oro, la campionessa che sarà ricordata per il suo stupendo rovescio in back, tagliatissimo e difficile da gestire da parte delle avversarie, ma così non è stato. Siamo stati così costretti ad assistere a ridicole interpretazioni di questo fondamentale da parte di Djokovic che, per i distratti o gli ingiustificati esaltati, è l'attuale numero uno del ranking.

Può anche darsi che qualcosa di diverso l'avremmo potuta vedere ad opera di Federer, tornato a Roma dopo qualche anno di rinuncia alla stagione del "rosso", magari dall'austriaco Thiem ed anche dallo sfortunato Del Potro, uscito ingiustamente ai quarti contro Djokovic, dopo averlo dominato per tutto l'incontro. Ci hanno pensato gli organizzatori a togliersi dalla scena, con quel famoso giovedì di recupero, dopo la giornata di pioggia battente del giorno precedente, quando i doppi turni nella stessa giornata, hanno tolto dai giochi l'austriaco e costretto al ritiro lo svizzero per problemi fisici.

In compenso, per rendere più accattivante e insolita la nostra visita agli Internazionali, ci hanno pensato lo sciopero dei mezzi pubblici di venerdì, organizzato dal sindacato Usb, e la minaccia bomba a Fiumicino con un furgoncino coinvolto e messo sotto osservazione dalla sicurezza.

Il pubblico, in ogni caso, ha risposto come di consueto al richiamo di questo, in ogni caso, spettacolo. Un buon incremento di presenze e numero di biglietti venduti. Una luna piena a coronare la cartolina romana del programma serale e a contrastare l'uggiosità e la piovosità di questo imprevedibile maggio. Gli spalti semivuoti a corredo della finale femminile, dovrebbero far riflettere.

Un progetto prevede la copertura del Centrale per garantire il rispetto del programma in caso di condizioni meteo avverse, ampliando anche la capienza del Grand Stand Arena e del Pietrangeli. Dovrebbe realizzarsi nei prossimi anni, ma pronosticare un tempo preciso per la sua realizzazione è eccessivo e soggetto alla combinazione di troppo coincidenze di competenza, tra Federtennis, Coni e Comune. Nell'attesa, auguriamoci che le grandi promesse dei giovani, non ancora del tutto mantenute, possano dare una vera scossa a questo sport. Una finale tra il greco Tsitsipas, nuovo interprete di un tennis a metà strada tra la tradizione e la velocità di questi tempi, e il giovane talentuoso italiano Sinner, sarebbe di buon auspicio.

A Fiumicino, lunedì mattina, abbiamo incontrato l'americana Sloane Stephens, in partenza per Parigi e per il Roland Garros 2019, dove è stata finalista l'anno scorso, sconfitta da Simona Halep. Roma è già alle spalle. Il secondo Gran Slam della stagione è già nelle fasi di qualificazione. Incrociamo le... racchette.

Naomi Osaka vince gli Australian Open 2019

Col punteggio finale di 7-6/5-7/6-4, la tennista giapponese batte una stanca e fallosa Petra Kvitova

26 gennaio 2019

Combattutissima finale femminile all'edizione 2019 degli Australian Open, primo slam di stagione. Una ritrovata Petra Kvitova, che a Melbourne non ha mai brillato particolarmente, contro la giapponese Naomi Osaka, mina vagante del seeding femminile in ogni torneo del circuito dove risulta iscritta.

Pronostico equilibrato, con un leggerissimo vantaggio a favore della ceca, considerata l'esperienza in campo internazionale della prossima ventinovenne, e un andamento schiacciante durante tutto il torneo. Il ruolino di marcia dei turni precedenti aveva dimostrato un ritorno alla grande della Kvitova che, con un dominio impressionante, si era liberata della Muguruza agli ottavi, della Barty ai quarti e, in semifinale, ha eliminato la sorprendente statunitense Collins che, a sorpresa, rischiava di giungere all'epilogo finale del torneo.

Un cammino più semplice, ma con qualche rischio eccessivo, lo ha affrontato la giapponese per giungere alla finale. Savastova, Svitolina e Pliskova le sue avversarie in sequenza dagli ottavi.

La finale è iniziata con evidente tensione da ambo le parti. L'astruso sistema di conteggio dei punti per determinare la classifica mondiale, che vuole la sufficienza di un buon risultato ottenuto in un major per annullare per magia la precedente stagione non esaltante, oltre a mettere in palio la conquista del primo slam di stagione, ha determinato la nuova numero 1 del mondo.

La Osaka ha iniziato la partita con una certa prosopopea da prima donna, peccando nel primo set di quell'incauta presunzione che ha tenuto il punteggio sempre in bilico. Da parte della Kvitova, un look più sgraziato, rispetto a quello a cui eravamo abituati, dovuto a un evidente dimagrimento, eccessivamente fallosa nei momenti salienti. Come conseguenza, un primo set deciso dal tie-break che la giapponese ha saputo giocare meglio, aggiudicandoselo nettamente a 2.

Il secondo set è iniziato con Kvitova subito reattiva e disposta a giocarsela fino in fondo, mentre la Osaka si è fatta distrarre dalla possibilità reale di vincere il torneo e festeggiare la prima posizione nella classifica mondiale. Subito 2-0 Kvitova. Poi, un vero black-out agonistico e si è passati al 4-2 per la Osaka. 4-3, con la ceca che accorcia col suo turno di servizio. 5-3 Osaka e la ceca che va a servire per prolungare il match.

Primo 15 fortunoso della giapponese. Poi buio pesto della ceca. 0-40. Un bellissimo da fondo campo e 15-40. Errore di dritto dell'Osaka e servizio vincente della Kvitova, 40 pari. Ancora il servizio per i due punti successivi e si va al cambio campo sul 5-4 per l'Osaka, che servirà per il match.

Primo 15 alla ceca con una buona risposta di rovescio. La giapponese sbaglia da fondo, 0-30. Bel lungolinea di dritto, 15-30. Doppiofallo 15-40. Ancora un errore da fondo e 5 pari.

Adesso la partita concede momenti di buon tennis. Il challenger dà il primo 15 alla Kvitova nell'undicesimo game. Poi 30-0. Un errore di dritto e 30-15. Ancora un errore, 30 pari. Un'aggressiva Osaka si porta al break. Kvitova segue a rete il servizio e parità. Vantaggio ceca col servizio. Altro challenger chiamato dalla giapponese. Palla sulla linea. Si va al cambio campo sul 6-5 per la tennista ceca.

Un'Osaka adesso più nervosa. Subito 0-30. Ancora un errore, 0-40. Doppio fallo e set per la Kvitova. Si va al terzo.

Un terzo set che inizia all'insegna di un maggiore timore di perdere e caratterizzato da molti errori. Break Osaka al terzo, che si porta sul 2-1. Scambi brevissimi. Due tre colpi al massimo e il servizio da sfruttare nei momenti decisivi. 3-1 Osaka, che sembra avere riacquistato più tranquillità. Manca però alle due tenniste la pazienza di conquistare il punto, come se lo scambio prolungato possa essere una tattica deleteria. Si va al cambio campo sul 3-2 per la giapponese. Un tentativo della Kvitova di portarsi sulla parità fallisce grazie al servizio dell'Osaka che va sul 4-2. La Kvitova sembra essersi nuovamente spenta. Ancora il servizio protagonista. La ceca dallo 0-40, riesce a portarsi sul 3-4. Un incredibile errore a rete della ceca, porta il punteggio sul 5-3. Una reazione della Kvitova allunga la partita sul 5-4.

Stavolta la giapponese non perde la testa. 6-4 finale. Abbraccio liberatorio con la campionessa ceca. Un incontro emozionante. Sicuramente non bello. Troppi errori e un livello tecnico discutibile. Particolari che hanno mantenuto il punteggio sempre in bilico.

Tsitsipas batte Federer agli Australian Open

Il giovane talento greco sconfigge il detentore del titolo e approda ai quarti dell'Australian Open 2019

20 gennaio 2019

Facciamo retorica. La più bella partita degli ultimi dieci anni. Un'esagerazione? Molto probabilmente si. Se ne potrebbero citare tante altre. Non ultima la semifinale di Parigi Bercy tra Djokovic e lo stesso Federer, lo scorso 3 novembre 2018. E se ne potrebbero citarne altre. La bellezza di questo ottavo di finale è da ricercare in altri aspetti che questo sport riesce ad offrire.

Da una parte lo svizzero, detentore del titolo, giunto alla fase finale della carriera e, dall'altra parte del campo, il giovane greco Tsitsipas, promessa del tennis internazionale alla sua grande occasione per far parlare di sé. In comune, il rovescio a una mano, che tanto ha deliziato gli appassionati di un tennis più tradizionale, e quella voglia di vincere che ha caratterizzato Federer in tutta la sua carriera.

L'incontro di oggi ci ha fatto tornare in mente una delle partite memorabili dello svizzero. Quella che avrebbe segnato la svolta alla sua carriera. L'epica vittoria nel quarto turno di Wimbledon, ai danni di Pete Sampras, nel 2001. A quel tempo, Federer era una giovane promessa, quasi ventenne, e Sampras, quasi trentenne, con un destino che ha voluto farli nascere nello stesso mese a distanza di dieci anni.

Forse la storia si ripete. Oggi, in uno degli incontri più attesi di questa edizione degli Australian Open, primo slam della stagione che Federer si era aggiudicato nelle ultime due edizioni, poter assistere ad una partita che, se da un lato avrebbe dato le risposte sulle probabilità di conferma dello svizzero, dall'altro era attesa per verificare una sorta di cambio di testimone tra uno stile di gioco molto simile tra due generazioni di campioni, è stato sicuramente un privilegio. Trentasette anni contro venti rappresentano, senza dubbio, un passaggio di consegne che, oggi più che mai, diventa un'assunzione di responsabilità da dovere onorare con i risultati futuri.

L'analisi di questa partita non passa sicuramente dall'aspetto tecnico o del risultato stesso, elementi importanti sicuramente, ma di secondo piano se si raffrontano a quanto ha rappresentato Federer per il tennis e alle potenzialità che Tsitsipas dovrà mettere in campo già dal prossimo incontro. Potremmo affermare che il greco, nei momenti decisivi, sia stato meno falloso e più cinico nello sfruttare le occasioni offerte dal campione svizzero. Potremmo anche dire che la giovane età del tennista greco, ha fatto la differenza, più per un fatto mentale che fisico, dove l'aspetto mentale si è retto principalmente sulla voglia di emergere in un contesto dove, non lo dimentichiamo, a parte lo svizzero, nel circuito e nello stesso slam in corso, ci sono ancora in giro i vari Nadal, Djokovic, Nishikori, Bautista, ossia tennisti che hanno superato la trentina o ne sono a ridosso.

Ci limitiamo a dire che la partita è stata spettacolare e in bilico fino alla fine, in ogni singolo set e in ogni game dell'incontro, non facendo trasparire mai la sensazione di poter preventivare il risultato finale, neanche quando il punteggio era a favore di uno o dell'altro giocatore. Il punteggio dei vari set, tre terminati dopo estenuanti tie-break e soltanto il terzo con un break che ha fatto riportare la partita a favore del greco, che se lo è aggiudicato 7-5.

Di contro, l'attenzione degli spettatori in campo e degli appassionati a casa, si è concentrata su questo confronto generazionale che, sommato alle affermazioni dell'americano Tiafoe, del russo Medvedev, delle conferme del croato Coric e di Zverev, costituendo un lotto di ventenni promesse, potrebbero rappresentare il futuro di questo sport. L'intervista a fine incontro, operata da McEnroe e rivolta ad un incredulo Tsitsipas che, più che trovare le motivazioni della sua grande impresa, è sembrato più preoccupato a chiedere scusa a Federer per l'oltraggio arrecato ad una leggenda del tennis, ha messo la consueta ciliegina sulla torta.

Per la cronaca, il risultato finale è stato 6-7/7-6/7-5/7-6 a favore del giovane campione greco. Un risultato giusto. Per il futuro di questo sport, dobbiamo augurarci che non rimanga un fatto isolato. Troppi giovani spenti sul nascere. L'austriaco Thiem, per fare un nome, ne è un esempio. Confidiamo che, i prossimi turni, possano regalarci altro spettacolo e magari, ottimisticamente pensando, una finale inedita tra due giovani promesse che avranno, in questa prima occasione della stagione 2019, di trasformare in certezze.

La Croazia vince la Coppa Davis 2018

Cilic vince facilmente il terzo singolare contro Pouille e fissa il punteggio sul 3-1.

25 novembre 2018

Si guarda sempre alla finale di Coppa Davis con un tocco di invidia. Quell'insalatiera, che chiude i giochi di una già lunga stagione, rimane uno dei trofei più ambiti e gratificanti della carriera di un tennista. Inoltre, oltre ad essere considerata una propria e vera Coppa del Mondo di questo sport, è una competizione che ogni anno non consegna mai ai pronostici una squadra nettamente favorita rispetto alle altre. Si fa solo il nome della detentrice di turno, tanto per rimanere in riga con i più classici commenti sportivi che, mai come nel tennis, hanno scarsissimo riscontro con l'atto finale della competizione.

Noi italiani, poi, siamo inevitabilmente trascinati a troppi decenni fa. Troppi per risvegliare una sorta di amarcord su un passato che diventa, anno per anno, remoto e lontano da qualsiasi più rosea immaginazione per le generazioni di oggi. Quarantadue anni sono davvero tanti per sognare un nuovo Cile e una nuova finale sulla quale porre le speranze di successo e di riscatto sportivo.

Come abbiamo accennato, l'imprevedibilità dei protagonisti finali di questo torneo è diventata la caratteristica principale delle ultime edizioni. Andando a ritroso nel tempo, mantenendoci agli ultimi dieci anni, dopo la doppietta 2008-2009 della Spagna di Nadal, abbiamo registrato quella della Repubblica Ceca del 2012-2013, seguite da quattro formazioni diverse, rispettivamente la Svizzera di Federer (2014), il Regno Unito (2015), l'Argentina (2016) e la Francia (2017). Quest'anno il nome nuovo della Croazia, che arrivò in finale anche nel 2016, sconfitta dall'Argentina di Del Potro.

Tornando all'edizione di quest'anno, non molti avrebbero data per scontata una vittoria così netta a favore dei croati. La Francia rimane una delle nazioni più prolifere di campioni ad alti livelli del mondo, anche se con fasi molto alterne. I nomi altisonanti di Tsonga e Gasquet, per diversi motivi, sono rimasti spesso micce innescate, ma spente sempre in occasione dei grandi appuntamenti. Ciò non toglie che, ritrovarsi davanti alla nazionale francese, non è mai un compito facile da affrontare.

L'infortunio della prima giornata di Tsonga, forse, avrà condizionato il risultato finale, ma occorre ammettere che il francese è molto lontano da una condizione di forma già da diverse stagioni e, volendo dare importanza alle classifiche, lo ritroviamo al 259° posto, snobbato in diversi tornei di spicco della stagione. Il 3-0 inflittogli (6-3/7-5/6-4) da Cilic, senza l'infortunio poteva essere meno devastante, ma non crediamo avrebbe cambiato il risultato finale a favore del croato. La Francia, poi, era andata a riposo dopo la prima giornata di finale, già sotto 0-2, con la contemporanea vittoria netta, 3-0 anche questa, del talentuoso Coric contro Chardy.

Ieri il doppio rappresentava un quasi scontato punto, pronosticato anche alla vigilia, potendo la Francia contare sulla coppia più forte del mondo in circolazione.

L'accoppiata Herbert/Mahut dava sufficienti garanzie contro un'altra, sicuramente, fortissima coppia, quella croata composta da Dodig/Pavic. Ci sono volute, però, 3 ore e 38 minuti per giungere al definitivo 3-1 a favore della coppia francese e al temporaneo 1-2 negli scontri totali.

Oggi, a sorpresa, il capitano non giocatore Yannick Noah, non potendo comunque contare su uno Chardy al cento per cento, ha affidato il destino di questa finale e ad un ipotetico miracolo francese, nelle mani di Pouille. Un buon giocatore, sempre ostico e imprevedibie, la sua classifica mondiale al trentaduesimo posto ne è la conferma, ma non così incisivo da impensierire oltre misura un Cilic, determinato e non troppo disposto a prolungare ulteriormente questa finale.

A parte un combattuto primo set, finito al tie-break (7-3) a favore di Cilic, il croato ha preso fiducia nei suoi mezzi e nel suo livello tecnico superiore, nonostante i francesi, che giocavano in casa, avessero scelto una lenta superficie in terra battuta, resa sicuramente più lenta dalla copertura indoor. Una scelta che, ci permettiamo di commentare, nel tennis moderno, con il gioco espresso dai francesi, ma anche dalla gran parte dei tennisti mondiali, non riesce più a creare la differenza che una superficie più tecnica potrebbe manifestare, ma che di fatto non incide più del dovuto tatticismo che una vigilia incerta possa far pensare.

Gli altri due set non hanno avuto storia. Un doppio 6-3 ha chiuso qualsiasi illusione di recupero dei francesi. Abbracci e riconoscimenti meritati al protagonista assoluto, quel Marian Cilic che, durante le fasi finali di questo incontro decisivo contro Pouille, si è anche buttato a rete senza troppi freni inibitori che un momento così importante richiedeva. La sua voglia di vincere e di dare alla sua piccola nazione un trofeo così prestigioso, sono passati dal suo canto sommesso durante la cerimonia di premiazione, in contrapposizione alle lacrime dei francesi.

Adesso, tutti a riposo. Ci aspettano le più rilassate esibizioni di fine anno, in attesa di prepararci alla prossima stagione e al primo Slam australiano di gennaio. Intanto, speriamo che le menti creative di questo sport riflettano sulle loro astruse idee di variazione della formula della Coppa Davis, da abbinare alle altre regole fantasiose viste durante i Next Gen, rischiando di disamorare gli appassionati, prima ancora degli stessi tennisti.

Alexander Zverev trionfa alle Atp Finals

6-4/6-3 il punteggio finale ai danni del numero 1 del mondo, Nole Djokovic.

18 novembre 2018

Finalmente. Al di là delle delusioni degli sfegatati fan di Federer, che lo hanno visto soccombere in semifinale contro il tedesco, regalando alla storia del tennis alcuni episodi di folclore, con la vicenda della pallina scappata dalle mani del raccattapalle durante una fase importante dell'incontro, oltre ad una delle più belle partite del 2018. Al di la, anche, del sorriso deluso del campione serbo, il cui primo posto nel ranking mondiale, riconquistato con la sua tipica tenacia e continuità, nonostante qualche scettico gli aveva disegnato attorno una sorta di carriera finita anticipata, un primo posto che non è servito a sufficienza a nascondere una sorta di stizza per un'altra preventivata vittoria, sfuggita in finale.

Finalmente. È il commento riassuntivo di una fase storica di questo sport che, retto sui risultati alternati di tre ultratrentenni a scambiarsi il vertice mondiale, denota una parabola ambigua di interesse mediatico e di pubblico, tra folli tentativi di cambiarne le regole, vedi i recenti Next Gen di Milano, e la spettacolarizzazione di tutto il sistema, con le introduzioni degli stacchetti musicali e gli effetti speciali durante i cambi di campo, senza tralasciare le stesse cerimonie di premiazione, degne di una finale di Champion calcistica, tra coriandoli e giochi d'artificio. Se a tutto questo, inevitabilmente, ci siamo a poco a poco abituati, una caratteristica di questo sport, amato da sempre in qualsiasi angolo del mondo, che abbiamo evidenziato più volte, è la sua graduale trasformazione in una dimostrazione e confronto tra prove di forza e resistenza, fino allo spasimo, fino all'ultimo game che, spesso, consegna agli annali il nome del vincitore che è stato fisicamente più resistente agli scambi estenuanti di tre ore in media di partita.

Alexander Zverer è figlio di questo nuovo modo di interpretare il tennis moderno. Potente, alto un paio di metri, personaggio segnato dal destino con il suoi capelli biondi e gli occhi azzurri. Forse avrebbe fatto il modello, se non avesse imbracciato una racchetta da tennis, spinto da una tradizione di famiglia, il cui fratello Misha ha rappresentato per anni la punta di diamante, tra il padre giocatore di Davis e suo principale preparatore insieme al recente Ivan Lendl e la madre ex tennista e allenatrice. Un predestinato, come è d'uso oggi affermare. Lo è sicuramente, più di tanti altri speranzosi giovinastri in giro per i campi del mondo, a mostrare prima il personaggio estroso e poi, più raramente il talento.

Il ragazzino di Amburgo è cresciuto, come molti dell'ambiente si aspettavano e avevano preventivato già dalle sue prime uscite tra i juniores. Lo abbiamo visto, in questi anni, alternare prestazioni convincenti a crolli imprevedibili, motivati più da una ancora immatura condizione mentale nell'affrontare gli incontri che ad una lacuna tecnica. È cresciuto come il suo gioco. Più frequente sotto rete dove, sfruttando il suo potentissimo servizio, oggi riesce a chiudere di volo le eventuali disperate risposte degli avversari. Sta anche affinando il gioco di fino, con il rovescio in back che usa sempre più spesso, staccando la mano sinistra per spezzare il ritmo dei giocatori più potenti.

Partito in sordina in questa edizione delle Finals, perdendo proprio contro Djokovic nella prima partita del suo girone, ha acquistato fiducia vincendo le altre due partite previste contro Cilic e Isner. In semifinale, come abbiamo già anticipato, si è ritrovato un Federer combattivo e ancora affamato di vittorie. Contro lo svizzero ha dimostrato quei segnali giusti che davano ad intendere che, nonostante i suoi 21 anni, non si sarebbe di certo rassegnato a rappresentare la parte dello sconfitto predestinato. Contro lo svizzero, il fato gli ha dato una mano. L'episodio della pallina "pazza" ha segnato sicuramente il risultato finale, ma innegabile la sua meritata vittoria, del resto riconosciuta dallo stesso Federer.

La finale contro Djokovic ha rispecchiato le attese, almeno per i primi otto giochi. Le elastiche giocate del serbo, a recuperare l'impensabile da fondo campo e a tracciare traiettorie millimetriche in direzione degli angoli più remoti del campo di gioco, hanno avuto la meglio fino al fatidico nono game. Qui un crollo di continuità, quasi robotica del serbo, ha consentito al tedesco di andare a servire per il set. Tre potentissimi servizi consecutivi hanno portato il punteggio sul 40-0. Un timido ritorno di Nole nel tentare di prolungare il set, ma risultato vano, costretto a cedere il set al giovane tedesco.

Il secondo set ha dimostrato una inconsueta insicurezza del serbo, costretto a rincorrere il tedesco nel tentativo di recuperare il break a inizio set. 1-3, 2-4, 3-5 la sequenza dei turni di battuta, con Zverev sempre più sicuro al servizio e Djokovic nel provare a contrastarlo con scambi lunghissimi da fondo campo, nella speranza dell'errore dell'avversario. Il tedesco ha resistito alla tattica del serbo e ha chiuso 6-3. Una vittoria netta. Forse eccessivamente. Un trionfo i cui risvolti adesso sono imprevedibili. Immaginare un Zverev più continuo e maturo, pronto anche alle grandi sfide dei 5 set previsti negli slam, è plausibile ma non scontato. Di certo, non è difficile prevedere un ruolo da protagonista anche nella prossima stagione. Ancora più scontato è pensare che i "vecchietti" del ranking, che avranno ancora la voglia di dire la loro anche nel 2019, saranno prima o poi costretti a cedere lo scettro a questo nuovo "maestro" del tennis moderno. Quanto meno, per un inevitabile ricambio generazionale.

Verrebbe da dire: finalmente...

Federer, nove volte Basilea

Novantanove volte vincente. Secondo di sempre, dietro Jimmy Connors, che lo precede a quota 109.

28 ottobre 2018

Non era scontata, stavolta. Questa nona vittoria nel torneo di casa. Troppe volte avevamo assistito a questo torneo, uno degli ultimi dell'anno, come una sorta di passerella casalinga di Federer, protagonista da finalista e ancor più spesso, da vincitore. Ma quest'anno, gli elementi da tenere in considerazione a sfavore dello svizzero erano più di uno. L'età che già nei precedenti tornei di questo 2018 aveva mostrato qualche crollo mentale, se non fisico, in troppe occasioni.

Federer è ormai cosciente di questo particolare, in tempi dove il tennis è diventato uno sport prettamente fisico, dove la resistenza e la velocità del gioco fanno la differenza. Le sue scelte programmate, che hanno sconvolto l'andamento quasi lineare degli anni precedenti, non possono non avere tenuto conto di non riuscire ad essere competitivo in superfici che, anche nel passato, non gli hanno regalato molte soddisfazioni.

Un altro elemento da valutare con la giusta misura, anche in vista dell'imminente palcoscenico finale delle Atp Finals e, volgendo lo sguardo al prossimo anno, il livello che lo svizzero riuscirà a mantenere nella prossima stagione, la voglia ancora di provare a competere a certi livelli, togliendosi ancora qualche soddisfazione.

Davanti ad un pluricampione, nessuno si pone in rispettosa sottomissione, tutt'altro. È proprio una sorta di prova del nove che spinge gli avversari, tutti più giovani dello svizzero, a misurarsi con i propri progressi tecnici e vedere nel campione il salto di qualità della propria carriera sportiva.

La settimana non era iniziata con un Federer padrone della scena e gli avversari, umili comparse dell'inarrestabile cammino fino alla vittoria finale. Le difficoltà riscontrate contro Krajnovic, battuto solo al terzo set, al primo turno, avevano evidenziato troppi problemi al servizio, arma risolutiva e indispensabile nel gioco dello svizzero, ma anche degli alti e bassi pericolosi della condotta mentale della partita.

Anche il tedesco Struff, al secondo turno, e il francese Simon ai quarti, avevano sfiorato l'impresa di bloccare il cammino del campione in carica del torneo, rovinando la festa agli spettatori locali, ma anche a coloro che sperano nell'immortalità sportiva di Federer. In semifinale, con non celata sorpresa, un livello di gioco degno dei migliori anni, ha annientato qualsiasi sogno ambizioso del russo Medvedev, altra speranza in attesa di esplosione di questo imprevedibile sport. Un leggero calo mentale di Federer, dopo aver dominato il primo set vinto 6-1, e un ritorno di carattere del russo, hanno solo allungato una partita che sembrava dovesse concludersi in meno di cinquanta minuti.

Dall'altro lato del tabellone, proveniente dalle qualificazioni, un sottovalutato Marcus Copil, tennista rumeno che molti non ricordavano di aver visto giocare tanto recentemente, si liberava di Zverev senior, del temibile Lajovic, per accedere nel tabellone principale e sbarazzarsi dell'americano Harrison, di un sempre quotato Marin Cilic, l'altro americano Fritz ai quarti e poi, con indubbia sorpresa, mentre ci si aspettava una sorta di rivincita con Federer, il gioiellino e grande speranza del tennis teutonico, Alexander Zverev.

Dotato di un servizio esplosivo, che raggiunge anche i 230 km/h, Copil si è presentato al pubblico di Basilea con l'intenzione di rovinare la festa a tutti, anche ai raccattapalle, già pregustanti della tradizionale pizza con una leggenda vivente del tennis. Solo l'esperienza e la voglia di dimostrare ai più scettici che, venti anni di carriera costruita ad altissimi livelli, non può chiudersi senza quella che molti definiscono il canto del cigno e che, senza timore di essere smentiti, non sembra sia rappresentato dalla finale di oggi.

Sicuramente, oggi Federer rappresenta quella mina vagante che, in certe occasioni concede la parte di primo attore all'avversario, nelle giornate di scarsa forma, ma della quale occorre ancora fare i conti se non si vuole incorrere a impreviste sorprese. Considerazioni che gli altri sette partecipanti del torneo conclusivo di Londra, che vedrà appunto i primi otto giocatori del mondo confrontarsi nell'Atp Finals, dovranno valutare con molta attenzione, se vorranno sollevare l'ultimo ambito trofeo della stagione.

Un plauso particolare va a Marcus Copil, giocatore elegante e, a volte interprete di un gioco d'altri tempi, Sasha Zverev ha sofferto moltissimo le palle corte del romeno e il suo rovescio a una mano, potente e preciso. Un giocatore che ha offerto al pubblico di Basilea una partita combattuta e mai dall'esito scontato, ricevendo in cambio gli apprezzamenti del campione svizzero. Una degna ricompensa per un giocatore di 28 anni che non ha mai vinto un torneo nella sua carriera. 7-6/6-4, il punteggio finale.

Tennis: due italiani tra i primi 20 del ranking mondiale

Dal 1979 non accadeva che due tennisti italiani occupassero i primi 20 posti della classifica mondiale. Gli ultimi, Panatta e Barazzutti.

12 ottobre 2018

Non è riuscito il miracolo al palermitano Marco Cecchinato, di ripetersi contro il numero 3 del mondo, il serbo Nole Djokovic. Non era certo un compito facile trovarsi di fronte il campione serbo, tornato ai suoi massimi livelli, dopo la parentesi dello scorso anno, tra infortuni e problemi di diversa natura. Il terreno, poi, veloce del torneo Master 1000 di Shangai, dava sin dalla vigilia, qualche vantaggio in più a Nole, con le sue caratteristiche tecniche più adatte a questo tipo di superficie.

Non è stata la partita di Parigi, quella che ha proiettato il palermitano all'attenzione degli addetti ai lavori e ai vertici di questo sport. La terra battuta del Roland Garros permise a Cecchinato, lo scorso giugno, di avere la meglio su Djokovic, ancora in fase di recupero e, quindi, più vulnerabile. La riacquistata forma di Nole, già espressa quest'anno con la vittoria in due Slam, Wimbledon e US Open, si è manifestata senza alcun dubbio, nella partita contro Cecchinato, che ha resistito solo per il primo set, concluso sul 6-4 per il serbo. Il secondo, finito in un veloce 6-0, ha espresso la resa del palermitano che, non più preciso al servizio, non ha saputo trovare le armi per prolungare l'incontro.

Se, da parte di Djokovic, si può condividere la soddisfazione di molti appassionati che hanno ritrovato il loro beniamino in grado ancora di esprimersi al meglio e, occorre dirlo, lanciatissimo verso il vertice della classifica, forse anche da questa fine stagione, da parte di Cecchinato, oltre ad aver confermato un atteggiamento sempre combattivo contro qualsiasi avversario, la sua giovane età potrebbe prospettargli un'evoluzione di carriera per i prossimi anni, tenendo conto che, come abbiamo più volte sottolineato, tra i primi dieci del mondo, gran parte hanno superato i 30 anni.

Altra notizia, che ha riportato gli appassionati italiani agli antichi splendori che questo sport ci ha dato, è il piazzamento in classifica che Cecchinato occuperà da lunedì 15 ottobre, che lo vedrà al 19esimo posto, sei posizioni sotto Fognini. Un dato che, dopo 39 anni, vedrà nuovamente due italiani tra i primi venti del mondo. Erano i tempi di Panatta e Barazzutti, quando il tennis italiano era protagonista del circuito, tra successi personali e il favoloso quartetto di Coppa Davis.

Certo, non sono le soddisfazioni che altri tifosi mondiali possono vantare rispetto a noi italiani. Gli slam giocati negli ultimi decenni, hanno sempre visto protagonisti d'oltre confine issare i trofei, con i nostri a consolarsi con piazzamenti di rispetto fino al terzo o al quarto turno. Cecchinato a giugno ha riacceso i sogni dei tifosi italiani, ma anche degli sportivi in genere che, spesso monopolizzati dal solito calcio, hanno potuto dedicare la loro attenzione verso uno sport che solo internet o l'emittente Supertennis propone come alternativa.

Se non possiamo azzardare a sognare che, nel prossimo futuro, un italiano possa sollevare il trofeo di uno dei quattro slam del circuito, le speranze si riversano sulla possibilità, non così remota, di rivivere una finale di Coppa Davis che manca ormai da venti anni, quando nel 1998, il quartetto Gaudenzi, Sanguinetti, Nargiso, Pozzi fu sconfitto a Milano dalla Svezia, sfumando il sogno di doppiare il successo del 1976 (Panatta, Barazzutti, Bertolucci, Zugarelli). Poter contare su due singolaristi di spessore, quali Fognini e Cecchinato, un doppio ancora competitivo, che vede protagonista lo stesso Fognini e Berrettini, che ha saputo esprimersi a certi livelli, sia in singolo che in doppio, è già un buon inizio.

L'Italia di Davis di nuovo competitiva?

Fognini n. 14, Cecchinato n. 21, Seppi n. 49 e Berrettini n. 57. Con questi numeri, siamo autorizzati a pensare in grande.

7 agosto 2018

La stagione agonistica è in pieno fermento. È appena iniziato il Master 1000 di Toronto che, ricordiamo, aveva visto l'anno scorso la finale inedita Zverev-Federer, una sorta di passaggio di consegne generazionale, con il ventenne tedesco a prevalere sull'esperto svizzero, grazie anche ad una condizione fisica dello svizzero non al massimo.

Federer ha rinunciato alla partecipazione di quest'anno. I 37 anni meritano rispetto e una programmazione ponderata, se si vuole competere con i migliori per almeno qualche altro anno. Una scelta che non può tenere conto di particolari prestigi di posizioni al vertice del ranking, lasciando spazio a chi avrà la forza di occupare finalmente quei posti monopolizzati da decenni, a corrente alternata, dai soliti nomi.

Nadal, grazie specialmente alle sue conferme sulla terra rossa, si è ripreso il primo posto marcando il territorio con un notevole margine di punti di vantaggio. La rinuncia di Federer a Toronto, gli ha regalato di fatto altri 600 punti che lo svizzero perderà per la non conferma della finale dell'anno scorso.

Del Potro sembra ritrovato. Alla soglia dei 30 anni, acciacchi lasciati alle spalle, è diventato protagonista abituale di molti tornei, con la giusta continuità che lo vede spesso presente negli ultimi atti delle varie competizioni.

Tra questi innominabili, si piazza il tedesco Zverev. Appena ventunenne, per ora ha dimostrato una discreta continuità di rendimento nei Master 1000, ha vinto qualche torneo Atp di minore importanza, ma sufficiente da farlo oscillare con costanza tra la terza e la quarta posizione del ranking. Qualche difficoltà in più è trapelata nei grossi appuntamenti della stagione. Gli slam per ora sono troppo impegnativi, specialmente per la durata mentale che comportano nell'affrontarli. Avrà tempo per smentirci.

Tra tutte queste incertezze che potrebbero dare uno scossone alla classifica mondiale, già all'indomani della finale di Toronto, l'unica certezza che rimane è di trovarsi davanti ad una classifica che vuole, nei primi dieci posti, 5 ultratrentenni (Nadal, Federer, Anderson, Isner, Djokovic) due che si aggregheranno al club nei prossimi mesi (Del Potro e Cilic), Dimitrov molto vicino anche lui con i suoi 27 anni suonati, un prossimo venticinquenne, Thiem, e il rovina media, Zverev con i suoi 21 anni.

Al di qua delle Alpi, in virtù dei buoni successi e risultati di prestigio fatti registrare dai nostri tennisti, si può ben sperare che, in questo mai completato cambio generazionale, si possano collocare anche gli italiani. I successi di Fognini a San Paolo, Bastad e Lo Cabos dimostrano una maturità mentale e agonistica, alla quale non si sperava più. I due successi a Budapest e Umago, conquistati da Cecchinato e, soprattutto, la semifinale dello slam di Parigi, hanno riportato alla ribalta un atleta che era finito nel dimenticatoio, oltre a fargli fare un balzo notevole nella classifica mondiale. Seppi, pur non avendo conquistato alcun trofeo di prestigio, a parte il Challenger di Camberra, in questo 2018 è riuscito a rientrare in top 50, grazie a delle ottime prestazioni in vari tornei importanti, togliendosi anche la soddisfazione di battere il tedesco Zverev nel torneo di Rotterdam e sfiorando l'impresa in semifinale con Federer, che avrebbe vinto il torneo.

Matteo Berrettini è la vera sorpresa di questa prima metà del 2018. Dopo un inizio di stagione con ottime prestazioni sia in tornei minori, ma anche negli slam di Parigi e Londra, si è aggiudicato il torneo Open di Gstaad, esperienza ripetuta nella stessa edizione in doppio, accanto al quarantenne Daniele Bracciali.

Un veloce riepilogo delle imprese portate a termine dai tennisti italiani, ha fatto subito pensare ad una delle competizioni alla quale l'Italia ha avuto sempre un legame particolare. Quella Coppa Davis che, nei decenni passati, ci ricollega sempre al quartetto storico che se la aggiudicò nel 1976 in Cile. Avere oggi a disposizione dei singolaristi come Fognini, Cecchinato e Berrettini, senza tralasciare lo stesso

Seppi, un doppio ancora competitivo formato dalla coppia Fognini-Bolelli e, una riserva come Paolo Lorenzi che, nonostante i suoi prossimi 37 anni, ha voglia ancora di togliersi qualche soddisfazione, oltre a trasmettere ai giovani la sua immensa esperienza, ci fa prospettare l'ipotesi di riconoscere alla nostra nazionale il ruolo di mina vagante che, è bene ribadirlo, in questi ultimi anni, ha potuto vantare la semifinale contro la Svizzera nel 2014, i quarti di finale contro l'Argentina nel 2016 e lo stesso risultato nel 2017 contro il Belgio. Un punto di partenza, dal quale si può sperare solo di migliorare.

Angelique Kerber, The Queen of Wimbledon

Un doppio 6-3 e la tennista tedesca torna a essere protagonista del tennis femminile che conta.

14 luglio 2018

Non c'è mai stato un momento di dubbio sulla direzione che la finale femminile di Wimbledon stesse prendendo, sin dai primi scambi. Non eravamo abituati a vedere la Williams, sulla quale sarebbe banale spendere eccessive parole che riepilogassero i successi in carriera di questa marziana della racchetta, in giro per il mondo ormai da diversi anni, in difficoltà costante per un'intera partita. Di solito, era normale vedere la figurante di turno interpretare alla meno peggio, la parte della vittima sacrificale, in attesa che il sorriso di Serena illuminasse la scena, alzando al cielo il suo ennesimo trofeo.

Stavolta, senza nulla togliere alla Kerber, anche gli appassionati di tennis, che non hanno mai troppo amato Serena, spinti anche da un pizzico di invidia verso una sportiva che ha monopolizzato questo sport, lasciando davvero le briciole alle avversarie, si sono trovati davanti uno scrupolo di coscienza. Uno scrupolo dettato da una campionessa che, all'improvviso della sua carriera, aveva deciso di provare a pensare come vivere il proprio futuro da essere umano normale, da donna in ogni sua magica sfaccettatura.

Molti hanno immaginato un nuovo capitolo della vita di questa immensa campionessa, addolcito dalla sua nuova veste di madre, quasi a voler scrivere una pagina di sentimentalismo da abbinare all'agonismo, dove l'aspetto umano di ogni vicenda terrena, ci si augura possa sempre prevalere sugli aspetti eccessivamente meccanici della nostra esistenza.

Una solida Kerber, pressata sicuramente da un epilogo che molti avevano già scritto, è rimasta aggrappata mentalmente ai suoi mezzi tecnici e a quella freddezza, tipica e da sempre riconosciuta ai tedeschi. Passo dopo passo, ha in pratica perfezionato la tattica impostata dalla nostra Giorgi contro Serena, rimanendo concentrata per limitare gli errori che il gioco potente dell'americana ha messo sul prato di gioco per provare a evitare scambi troppo lunghi, ai quali rischiava di consegnare un eccessivo dispendio delle forze.

Serena ha provato a contrastare il gioco della tedesca. Frequenti discese a rete. La sua arma vincente di sempre, il servizio potente. Colpi incrociati, sempre vicini al limite di rischio, sfiorando spesso le linee del campo. L'abbiamo vista eseguire delle "stop and volley", degne dei migliori tempi. E raffinatissime smorzate, che hanno confermato una classe sopraffina, nonostante una stazza giunonica che l'ha sempre contraddistinta.

È riuscita anche mettere in ombra la vittoria di Angelique, che si è presentata quasi intimorita e sul punto di chiedere scusa per avere guastato la festa. La stessa Serena le ha lasciato la scena durante la premiazione, riconoscendole con eleganza il diritto al momento di gloria. La stessa BBC, condizionata dal momento di disagio e fuori programma, ha finito per chiamare ai propri microfoni proprio l'americana, lasciando la tedesca a stringere il trofeo della vittoria, dietro un secondo piano delle immagini consegnate agli spettatori del mondo.

Un errore ingenuo, che vogliamo prenderci anche noi, scrivendo questo articolo. Giustificati, solo in parte, da una sorta di nostalgia verso l'ennesimo tramonto di eroi nel mondo del tennis che ci ha costretti a vivere la sconfitta di Roger Federer, in campo maschile, facendoci prendere coscienza che lo svizzero e Serena hanno in comune l'anno di nascita: il 1981!

Camila Giorgi sfiora l'impresa a Wimbledon

6-3/3-6/4-6 il punteggio finale. Ottima prova della maceratese, ma mamma Serena approda in semifinale a Wimbledon.

10 luglio 2018

Qual è la tattica da adottare, se si vuole almeno sperare di giocarsela contro la ex numero 1 del mondo? In altri tempi, cioè prima della maternità di Serena dello scorso settembre (sic), una soluzione era affidarsi alla clemenza della... Williams. Oggi, con una condizione fisica non al top e un approccio al ritorno all'agonismo ancora in fase di svezzamento, sembrava scontato affrontare la partita con l'obiettivo di far correre e muovere molto la giunonica Serena, cercando di sbagliare il meno possibile.

Camila, che ha dimostrato una maturità mentale finalmente degna delle sue potenzialità tecniche, si è presentata contro il mito della americana senza particolari timori reverenziali. Giungere ai quarti di finale nello slam londinese non lo si fa solo per casualità. La fortuna deve sempre accompagnare l'evento agonistico, ma la concentrazione e la gestione della partita, turno dopo turno, devono prevalere sull'aleatorietà che possa influenzare il risultato finale.

Molto equilibrio sin dal primo set, come di solito si è riscontrato anche nei precedenti scontri diretti tra le due giocatrici. Scambi cortissimi, sfruttando il turno di battuta e provando a chiudere subito l'eventuale risposta corta dell'avversaria. Una strategia a specchio messa in pratica tra le due contendenti, fino al sesto gioco, quando Camila si è portata sul 4-2, applicando uno dei classici casi di frattura dell'equilibrio che il tennis ci ha insegnato a statisticare. Poi 5-3, come da copione e chiusura del set sul 6-3.

Il secondo set sembrava la fotocopia del primo. Prime di servizio molto incisive da ambo le parti, con qualche errore di troppo da parte della Giorgi in fase di chiusura dei punti importanti. Un lusso che non ti puoi permettere con Serena, neanche se reduce da una maternità i cui segni sono ancora difficilmente nascosti dalla muscolatura. Ai primi tentennamenti dell'italiana, non più così incisiva con il servizio e con qualche errore di precisione, Serena ha approfittato per pareggiare i conti anche con il punteggio, chiuso sul 6-3.

Il terzo è proseguito sulla stessa linea. Da una parte Serena ha sfruttato la potenza del servizio per risolvere a proprio favore i turni di battuta, dall'altra Camila non è più riuscita a contrastare la pressione anche in risposta dell'americana, sempre più fiduciosa di riuscire a completare il sorpasso e accedere alle semifinali. 6-4, gioco, partita, incontro.

Niente di particolare da rimproverare a Camila. Il punteggio ne è la riprova. La classe e la superiorità tattica, nei momenti decisivi, sono stati determinanti oltre all'esperienza, che non guasta mai. Qualcosa ci fa pensare che le avversarie rimaste in gioco a contendersi questa edizione 2018 di Wimbledon, dopo aver visto la forza mentale di Serena nel riuscire ancora ad affrontare le situazioni di difficoltà durante un incontro e, non cosa trascurabile, il coraggio di rischiare con un repertorio non proprio affine alle sue caratteristiche, come quelle volte che contro Camila l'abbiamo vista scendere a rete a chiudere il punto con un elegante colpo al volo, avrebbero sicuramente preferito che questa mina vagante, tornata alla ribalta alla soglia dei 37 anni, oggi fosse uscita di scena.

Una probabile risposta ce la darà in semifinale la tedesca Julia Gorges che dovrà affrontarla. Per la cronaca la seconda semifinale vedrà in campo la Ostapenko e la Kerber.

Wimbledon: non è uno slam per teste di serie

Un'ecatombe di grossi nomi, usciti già dopo i primi tre turni del torneo. I big del tennis mondiale snobbano Wimbledon o, forse, è necessario revisionare un po' tutto?

6 luglio 2018

La superficie in erba non è molto amata dai tennisti dell'epoca moderna. L'imprevedibilità del rimbalzo della palla, che alterna regolarità a schizzate velocissime sul manto verde, ancora di più se viene centrata una delle righe del campo, non collima con le giocate a bordo campo alle quali sono abituati gli atleti in questa versione moderna di uno dei più antichi sport praticati nel mondo.

Sull'erba occorre qualcosa in più. Quella tecnica e quella strategia di gioco, che consentono di anticipare le mosse dell'avversario, per non permettergli di chiudere i punti con ripetitive bordate verso i punti più estremi del fondocampo. Se parlassimo di scacchi, potremmo dire che, giocare sull'erba, è come affrontare una partita lampo.

Questa caratteristica è evidenziata dalla brevissima durata degli scambi che, nonostante Wimbledon si giochi sui 5 set, condiziona la durata delle partite che si prolungano fino al quinto, spesso concluse in poco più di tre ore. Impensabile durata se la confrontiamo con altre superfici.

Determinate strategie di gioco, tra tutte il Serve & Volley, diventano vincenti se applicate con una certa regolarità durante tutto l'incontro. Il servizio stesso merita un capitolo a parte. Un buon servitore - e oggi nel circuito è davvero difficile trovare giocatori con un lacunoso servizio, essendo uno dei colpi più allenati e perfezionati per poter competere a certi livelli - risolve e, talvolta, toglie dagli impacci durante le fasi di gioco in cui uno dei due contendenti si trovi sotto con il punteggio.

A farla breve, i giocatori del ranking di questi anni hanno abbandonato da tempo, tra i fondamentali acquisiti nelle scuole di tennis, certi colpi considerati un po' vintage che, fortunatamente, riusciamo ancora ad apprezzare quando sul campo scendono dei giocatori con maggior tecnica sopraffina. Le occasioni in cui molti tennisti si rendono protagonisti di ingenuità ed errori madornali che sfiorano il ridicolo, quando la superficie richiede, appunto, una maggior sensibilità di polso e una creatività, ormai merce rara in questo sport, che sbrogli particolari matasse durante gli scambi.

Abbiamo assistito a giovani promettenti finire catturati dentro la rete di metà campo, rovinando a terra come dilettanti della domenica, solo nel tentativo di rispondere a una palla corta ben eseguita. Un'esperienza vissuta a giugno di un anno fa, quando un ispirato Federer ridicolizzò la potenza del giovane Zverev, in occasione del torneo di Halle. Per non parlare di tutte le volte che, proprio in risposta a una smorzata, abbiamo assistito a figuracce interpretate dalla Sharapova o dalla Pliskova che, incollate al loro rovescio bimane, hanno provato a reagire colpendo la palla, già interessata da un rimbalzo bassissimo e tagliato, con tutta la forza disponibile, rischiando spesso di colpire direttamente i giudici di fondocampo, quando sarebbe bastato intervenire con un rovescio a una sola mano, provando almeno a toccare la pallina sufficientemente per rimandarla dall'altra parte.

Con questi presupposti, auspicare che alle fasi finali del torneo di Wimbledon si possa vedere molti nomi tra i primi dieci del ranking mondiale, tra donne e uomini, diventa ogni anno sempre più difficile. Già nell'edizione 2017, in campo maschile, avevamo visto uscire di scena Murray, detentore del titolo 2016, Djokovic e Nadal tra i primissimi occupanti i posti più alti della classifica mondiale, senza dimenticare altri atleti di esperienza, quali Wawrinka, Tsonga o Nishikori. I vari nextgen, inoltre, praticamente scomparsi sin dai primi turni. In campo femminile non è andata molto diversamente. Halep, Kerber, Pliskova, Svitolina, Wozniacki hanno permesso alla matura Venus Williams di giocarsi, perdendola, la finale con la Muguruza.

Quest'anno la lista dei big si è subito ridotta, sin dalla prima giornata. In tre turni maschili, abbiamo assistito all'uscita di scena di Thiem, finalista contro Nadal a

Parigi un mese fa, Dimitrov, eterna promessa del tennis moderno mai esplosa del tutto, Cilic, finalista sconfitto lo scorso anno contro Federer. Tra i primi venti della classifica mondiale, hanno salutato prematuramente il torneo Schwartzman, Carreno Busta, Sock. Lo stesso Coric, vittorioso a sorpresa nella finale di Halle contro Federer, qualche settimana fa, ha salutato Londra sin dal primo turno. In campo femminile, situazione ancora più drammatica: Wozniacki, Stephens, finalista sconfitta al Roland Garros quest'anno contro la Halep, Svitolina, Garcia, Muguruza (detentrice del titolo), Kvitova e Sharapova. Tutte già fuori dai giochi.

Le motivazioni, come abbiamo visto, sono riconducibili a diverse varianti. Si possono aggiungere alcuni particolari che complicano l'andamento del più antico torneo di tennis della storia di questo sport. L'interruzione serale delle partite in corso per la mancanza di impianti di illuminazione notturna, la mancanza di copertura antipioggia, negli anni prevista e sempre rinviata a causa delle variabili condizioni del manto erboso, condizionate dagli agenti atmosferici. La tradizione del middle sunday, che vieta assolutamente di giocare nella "domenica di mezzo" e raramente regola non rispettata. Forse, anche, l'obbligo dei giocatori di vestirsi rigidamente in bianco, dalla fascia per i capelli alle scarpe, pena sanzioni da parte dell'organizzazione.

Maliziosamente, verrebbe da pensare che un altro deterrente alla voglia di protagonismo dei più quotati tennisti a raggiungere le fasi finali, sia dettato dal protocollo di strette di mano, inchini regali e quant'altro previsto dalle ferree regole tradizionaliste della monarchia inglese che, durante le cerimonie di premiazione, costringono gli atleti a entrare in contatto con la nobiltà *british*.

Con la speranza di essere, sin dalla prossima edizione, smentiti da questa nostra personale sensazione di snobismo, da parte dei big del tennis mondiale verso lo *Slam degli Slam*, mentre scriviamo, è prevista la ripresa dell'incontro, interrotto ovviamente ieri sera per oscurità, tra il numero 3 del ranking, il tedesco Sasha Zverev e l'americano Fritz che, in linea con l'andamento del torneo, conduce 2 set a 1. A questo punto, da italiani, rivolgiamo le nostre attenzioni verso Fognini e Fabbiano che se la vedranno, rispettivamente, contro Vesely e Tsitsipas, lasciando ampio margine a un eventuale ottavo di finale Fognini-Nadal. Senza dimenticare la nostra Camila Giorgi che affronterà la Siniakova, che abbiamo visto in forma e determinata come, raramente, la talentuosa giocatrice italiana ha dimostrato di essere nella sua carriera.

Sotto i dieci secondi

Un italiano sotto la barriera dei 10" nella gara più bella dell'atletica leggera: i 100 metri piani.

26 giugno 2018

I mondiali di calcio tendono a monopolizzare l'attenzione degli appassionati di sport, contaminati già con un DNA calciofilo sin dalla nascita. L'evento riesce a catalizzare i tifosi di tutto il mondo, anche quando la nazionale italiana la fa da spettatrice.

L'atletica leggera, poi, necessita di grossi nomi, anzi personaggi, che possano far distrarre il popolo calciofilo dalle imprese o delusioni dei campioni distribuiti durante l'inverno nei club più blasonati d'Europa. Con Usain Bolt uscito di scena, anche la gara regina dell'atletica rischia di essere messa un po' in ombra, in attesa di qualche altro personaggio che possa conquistare le simpatie degli spettatori sportivi sugli spalti e davanti alle televisioni di tutto il mondo.

Già le prestazioni del fuoriclasse giamaicano rappresentano un ostacolo probabilmente insormontabile per i prossimi decenni. A questo si aggiunga una innegabile alea di sospetto che lega l'atletica leggera, nelle varie discipline, alla autenticità fuori di ogni dubbio, davanti alle imprese che collocano l'uomo in una sfera, diremmo, sovrannaturale se non addirittura, cosmica.

Fatte queste premesse, l'incoraggiante risultato ottenuto da Filippo Tortu al meeting di Madrid il 22 giugno scorso, che ha abbassato dopo 39 anni il record italiano (per diversi anni fu anche record europeo) di Pietro Mennea di due centesimi, portandolo a 9"99, non ha di certo provocato una particolare reazione di giubilo da parte degli italiani, come abbiamo visto, impegnati a scegliere i colori della squadra di calcio che avrebbero dovuto sostituire quelli azzurri della nostra esclusa nazionale.

L'evoluzione di questa disciplina, i 100 metri, ha da sempre rappresentato la vera sfida sui limiti dell'uomo e delle sue capacità espressive in campo motorio. Sapere che, nelle dovute proporzioni, per quanto considerata la specie vivente più evoluta del pianeta, il confronto con la capacità di saltare, correre e tutto quanto possa essere collocato tra le prestazioni atletiche, rispetto al resto del mondo animale, non è mai stata una verità indiscutibile accettata con rassegnazione.

Questa sfida nei riguardi degli altri esseri viventi, passando dal ghepardo che sfiora i 120 km/h, agli oltre 5 metri di salto in lungo che una rana riesce a compiere con una proporzione di 100 volte la lunghezza del suo corpo, o magari alla pulce del gatto che, in altezza, riesce a saltare 33 centimetri, corrispondenti a 165 volte la sua lunghezza, ridicolizza le ambizioni di superiorità e le prestazioni dei campioni sportivi che hanno lasciato stupefatti il resto dell'umanità "normale".

Il 9"99 di Filippo Tortu, che qualche settimana prima aveva già ottenuto un ottimo 10"04, rappresenta il passaggio determinante da un velocista medio a uno che possa rientrare nella lista di coloro che sono riusciti ad abbattere la barriera dei 10 secondi. Essere riuscito in questa impresa, in una distanza che lo stesso Pietro Mennea, spodestato del record italiano, ci è arrivato a pochissimi centesimi, durante la sua fantastica carriera, nonostante la distrazione degli sportivi italiani, gli fa riconoscere un ruolo predominante e di buon auspicio in vista dei prossimi appuntamenti che l'atletica ci riserverà nell'immediato futuro.

I prossimi Campionati Europei di Berlino, dal 7 al 12 agosto, hanno i presupposti per regalare all'Italia e a Filippo Tortu un palcoscenico da protagonista nella velocità. Avremo occasione di poterlo ammirare anche nei Giochi del Mediterraneo, in corso a Tarragona in Catalogna in questi giorni, dove sicuramente scenderà in pista per la staffetta 4x100, avendo rinunciato a prendere parte ai 100 metri.

I venti anni appena compiuti, lo scorso 15 giugno, lo pongono tra le speranze da confermare dello sport italiano. Rimaniamo speranzosi e fiduciosi che ci possa offrire tante occasioni future, per dedicarci a uno sport alternativo, che non debba essere intriso obbligatoriamente di reti da deflorare, Var da verificare, sentenze da tribunali sportivi. Gossip di figli legittimati e no, carriere da veline e vari spot pubblicitari, tra birre, shampoo contro la forfora, mutande firmate, acque che danno la voce ai passeri, estrazioni di numeri, profumi occhiali cellulari...

Simona Halep regina di Francia

Battendo in rimonta la statunitense Sloane Stephens 3-6/6-4/6-1, la numero 1 del mondo sfata la maledizione dello Slam.

9 giugno 2018

Alla fine Simona teneva il trofeo come se fosse stato un figlio. Un'intensità e un fremito da voler lasciare tutti lì e scappare in un posto isolato dove poter gridare la propria gioia, erano così evidenti dallo sguardo della campionessa rumena, sempre a un passo tra una lacrima liberatoria e un sorriso, durante la cerimonia di premiazione.

Come a voler dimostrare al mondo, prima che a se stessa, che quel trofeo fosse meritato, che gli sforzi durante le due settimane del torneo, il peso psicologico di chi, dall'alto del primo posto nel ranking mondiale, avesse anche l'incombenza di dimostrare a tutti che non fosse un fortuita casualità.

I pensieri, i momenti della sua carriera sportiva, quegli attimi di smarrimento che molte volte, in determinati frangenti topici, avevano disorientato anche i suoi più fedelissimi estimatori. Quasi a dover dare ragione a chi, confortato dalle riprove per le troppe occasioni perse da Simona, sempre a un passo dalla conferma e dal riconoscimento lecito che attribuisce a una sportiva, l'appellativo di campionessa, solo se può mostrare la bacheca dei suoi successi.

Tutte componenti che sono riaffiorate sin dalla vigilia di questa finale, raggiunta con la determinazione e il carattere che, da sempre, ha caratterizzato la personalità della Halep. Ma non bastava. Non più. Per chiunque segue questo sport da tempo. Per i suoi fan. Per se stessa. Quella finale doveva essere vinta. Tutto il resto, come nelle altre occasioni, sarebbe stato un altro tassello da inserire nelle statistiche sportive o nell'elenco delle numero 1 della storia del tennis che non avevano mai vinto uno slam, beffardamente con Simona, riproposto dagli addetti ai lavori, quasi con un nascosto sottile cinismo.

Saranno rimasti annidati nella mente di Simona, durante anche questa partita, dalle prime battute in salita, come spesso è capitato nelle finali disputate dalla rumena che, da una probabile consacrazione, l'hanno ricacciata nel calderone delle tante tenniste del circuito, ottime ma non sublimi, per aver fallito l'atto finale di una competizione.

È così che l'abbiamo vista andare sotto 6-3. Fallosa, nervosa, con la testa chissà dove. Quasi rassegnata a un'altra sconfitta annunciata. Pronosticata, temuta e inevitabile. Ma quel segno inconfondibile che l'ha resa protagonista negli ultimi tempi. Quel dito appoggiato alla tempia e il sorriso sornione verso il settore che ospita il suo staff, a indicare che l'unico vero ostacolo che lei stessa deve affrontare ogni volta che si trova vicino al traguardo, è quella sua testa matta. Imprevedibile, ma umana che l'ha resa così simpatica agli appassionati di tennis di tutto il mondo.

Ed eccola, con quel pugnetto, quasi nascosto per tutto il primo set, cominciare a lavorare ai fianchi la Stephens. Un giudizio a parte merita la tennista statunitense che è destinata a non far rimpiangere il declino inevitabile di Serena Williams, proponendosi come la futura, ma già una certezza del presente, protagonista americana di questo sport. Simona Halep ha dovuto abbattere con pazienza, tenacia, abilità tattica e creatività sportiva, quel muro eretto dall'americana che respingeva tutte le bordate che le venivano dall'avversaria, dimostrando una eccellente forma fisica e mentale.

Ha dovuto stremare la resistenza della Stephens, scendendo anche a rete per variare l'andamento del gioco che rischiava, vista la tenacia dell'americana, per sgretolare quella già minacciata sicurezza mentale che aveva portato la Halep a troppi errori gratuiti. La liberazione è stato quel secondo set, portato a proprio favore, dopo che in più di un'occasione sembrasse rappresentare il crollo definitivo della rumena. Un 6-4 di ricarica di adrenalina che è emersa sin dalle prime battute del terzo set.

Un terzo set senza storia. 5-0. Poi una pausa di riflessione nell'ultimo turno di battuta della Stephens, durante il quale sembrava che la partita si potesse concludere con un cappotto, sicuramente immeritato dall'americana. Sul 5-1, molti dei suo fan sono stati assaliti dal sospetto che una nuova paura di vincere potesse aggrapparsi ai pensieri della romena. Così non è stato. 6-1 finale. Poi solo lacrime, abbracci e quegli immensi sorrisi che Simona sa donare al pubblico e che le auguriamo di poter mostrare anche nell'immediato futuro...

Cecchinato batte Djokovic 6-3 7-6 1-6 7-6

Il palermitano compie un'altra impresa, dopo aver eliminato Goffin agli ottavi, conquista l'accesso alle semifinali del Roland Garros.

5 giugno 2018

Se qualcuno osa affermare di aver previsto che, alla vigilia del più importante torneo mondiale sulla terra rossa, il tennista palermitano potesse raggiungere il penultimo atto, battendo l'ex numero uno del mondo, Novak Djokovic, sa di mentire, sapendo di farlo.

Non era sicuramente una mancanza di fiducia sulle potenzialità sportive di Marco Cecchinato, ma un eccessivo ottimismo era sicuramente limitato dagli iscritti al torneo che, come capita con gli appuntamenti annuali dei quattro slam previsti dall'Atp Tour, contempla i migliori tennisti del circuito, pronti a far incidere il proprio nome sulla base della Coppa dei Moschettieri.

Cecchinato si era aggiudicato il suo primo torneo Atp lo scorso 29 aprile, quando sollevò il trofeo dell'Atp 250 di Budapest, battendo in finale l'australiano John Millman. Uno slam è qualcosa di diverso. Le partite su cinque set obbligano gli atleti ad uno sforzo fuori dal comune, in modo particolare mentale, dovendo sopportare la fatica e sostenere la concentrazione durante incontri che possono superare le quattro ore di gioco.

Al recente torneo di Roma, Cecchinato era uscito al secondo turno sotto i colpi di Goffin, difendendosi fino al terzo set. A Parigi l'esplosione attesa da tempo. Un'escalation di vittorie convincenti che hanno dato al tennista palermitano quella sicurezza dei propri mezzi e, soprattutto, quel tocco sempre positivo che l'incoscienza di chi non ha nulla da perdere, spesso, contro avversari più quotati, consente di esternare le prestazioni più incredibili.

Un percorso che era iniziato con la vittoria al primo turno sul rumeno Marius Copil, proseguendo con la vittoria sull'argentino Marco Trungelliti, eliminando al terzo turno lo spagnolo Paolo Carreno Busta. Ma è dagli ottavi che matura il sogno dall'epilogo diventato ormai difficilmente pronosticabile. Ritrovarsi davanti al belga Goffin, a distanza di poche settimane dagli Internazionali d'Italia, aveva fatto pensare gli esperti che, nonostante la disputa di un torneo ad altissimi livelli, l'avventura parigina dovesse considerarsi conclusa.

Marco Cecchinato ha ribaltato qualsiasi pronostico e ingannato la stessa classifica Atp, che lo vedeva all'inizio del torneo parigino intorno alla settantesima posizione rispetto al decimo posto occupato da Goffin. Con un perentorio 3 set a 1, di cui un 6-0 difficilmente dimenticabile nel futuro dal belga, spalanca le porte dei quarti di finale.

L'incontro con Djokovic è storia di oggi. Il serbo, ex numero 1 del mondo e particolarmente abituato a momenti così culminanti che si possono vivere giocando a tennis, vincitore a Parigi nel 2016 e in forte ripresa, dopo essere scivolato in classifica oltre la ventesima posizione a causa di uno stop prolungato, dovuto a problemi articolari con il braccio destro, sembrava dovere interpretare il ruolo della ricaduta sulla terra del palermitano, dopo aver veleggiato su alte quote ed essere riuscito a conquistare almeno una ventina di posizioni in classifica.

Ancora una volta, nonostante anche gli scommettitori avessero dato Cecchinato come sfavorito, confidando nella netta supremazia di Djokovic, sia tecnica che d'esperienza, hanno dovuto ricredersi e inchinarsi davanti alla prestazione del palermitano. Una partita combattutissima in tutta la sua durata, nonostante il primo set sia finito 6-3 a favore del palermitano e il terzo 6-1 a favore del serbo.

Due set finiti al tie-break. L'ultimo epico, come la storia di questo sport ci ha abituati a vivere. 13-11 con 3 match-point annullati dal serbo prima della vittoria di Cecchinato. Un alternarsi di emozioni che non vivevamo da tempo. La sicurezza al servizio del palermitano, che in varie fasi del gioco lo ha tolto da pericolosi recuperi del serbo. E quel rovescio a una mano, immenso quando incrociato a tutto braccio, ha lasciato sul posto Djokovic senza lasciargli il tempo di tentare una risposta. Le palle corte, poi, di una precisione millimetrica hanno spezzato il ritmo del serbo, amante degli scambi lunghi ed estenuanti che, nel corso di questi anni, hanno rappresentato il punto di forza del suo gioco.

Adesso, dopo 40 anni da quella epica tra Barazzutti e Borg, sempre a Parigi, persa dall'italiano 0-6/6-1/0-6, un altro italiano sarà protagonista di una semifinale dello slam francese. Davanti un altro rovescio a una mano, quello dell'austriaco Dominic Thiem, astro emergente del tennis mondiale, da qualche anno stabilmente tra i primi dieci del mondo e che, con qualche sorpresa, ha strapazzato il gioiellino del tennis tedesco, Sasha Zverev, recente finalista e sconfitto a Roma contro Nadal.

La tentazione di sognare a occhi aperti è più che lecita. Se il palermitano dovesse superare l'austriaco Thiem, oltre a raggiungere la finale al Roland Garros, farebbe un balzo fino al diciottesimo posto della classifica mondiale. Un'eventuale vittoria del torneo, lo spingerebbe addirittura all'undicesimo e inciderebbe il nome di un italiano sul trofeo parigino, dopo quarantadue anni dalla vittoria di Adriano Panatta.

La strada verso la realizzazione di questo sogno è piena di ostacoli. Il talento di Thiem, sarà emozionante vedere confrontarsi due rovesci a una mano di una tecnica sopraffina. Il favorito di sempre del torneo, Rafael Nadal, affamato dei punti necessari e da confermare, essendo il campione uscente. Gli avversari del maiorchino, a cominciare dall'argentino Schwartzman che sfiderà Nadal ai quarti. E poi il rinato Del Potro, altro argentino di carattere, lanciato a recuperare quel tempo perduto della sua interrotta carriera che, dal quarto posto al mondo, lo aveva fatto quasi sparire dal circuito, a causa dei suoi problemi al polso. E non dimentichiamo il croato Maric Cilic, che ha eliminato il nostro Fognini dal torneo e avversario scomodo per chiunque.

Tanti "se", come qualsiasi competizione sportiva richiede. Tanti tasselli, fisici, emotivi, la fortuna che non deve mai mancare e quella sana follia che rende questo sport ancora imprevedibile. Del resto, il nostro Cecchinato ci ha abituati in questo slam parigino a cambiare il ruolo di "spacciato" con quello di "eroe" della giornata. Sognare non costa ancora nulla...

Juan Martin, il tennista che ha reso più umano Roger

Una battaglia soprattutto mentale ha regalato a Del Potro il suo primo Master 1000.

19 marzo 2018

Nervoso, insicuro, eccessivamente falloso. Tatticamente discutibile, frutto di una certa insicurezza che era emersa già in semifinale contro il croato Coric. Federer ci ha fatto tornare tutti con i piedi per terra. Ripetere passo passo l'impresa dello scorso anno, con una sequenza clonata di finali e tornei vinti sarebbe stata fantascienza.

Il tennis, lo abbiamo già detto in altre occasioni, non è soltanto uno sport fisico. Il 60% è una condizione mentale indiscutibile ed inattaccabile. Puoi essere il numero uno del mondo. Puoi avere un'arena stipata da un pubblico che tifa per te, prima ancora di guardare la partita stessa. Non basta, quando di fronte hai un argentino di 1,98 d'altezza. Freddo, impassibile, potente e con un gioco da fermo, specialmente con il diritto, da lasciare tracce della pallina, anche su una superficie come il cemento.

Del Potro rientra tra gli avversari storici della lunga carriera di Federer che, per svariati motivi, Federer ha sempre vissuto con una certa tensione. A 36 anni, il campione svizzero non è certo il tipo che si possa far condizionare dalle statistiche che, pur vedendolo in netto vantaggio negli scontri diretti (18-7), lo vede indietro negli incontri di finale (2-4 a favore dell'argentino), un particolare che mostra come Juan Manuel in occasione degli ultimi capitoli dei tornei, riesce con la sua inquietante flemma far perdere la sicurezza e la lucidità mentale, caratteristica del campione svizzero.

Vedere Roger polemizzare con l'arbitro. Arrivare addirittura a contestare un servizio di Del Potro che aveva spaccato la linea di battuta ad oltre 200 km/h, sprecando un challenger inutile su una palla così netta che non meritava sorte di dubbi, chiedere ripetutamente i game mancanti al cambio di palle, nel terzo decisivo set, erano scene che non vedevano protagonista Federer dal lontano tempo quando, ventenne, sapeva anche spaccare qualche racchetta per il nervosismo.

Nonostante tutto, dopo aver perso il primo set 6-4, la forza d'animo e la continua fame di vittorie, lo ha portato a pareggiare i conti, vincendo il secondo set al tie-break. Da quel momento, per quanto risultasse inspiegabile l'ostinazione di Federer a giocare sul dritto devastante dell'argentino, che per tutta la gara ha continuato a lasciare i solchi sul campo, sembrava davvero che lo svizzero avesse riacquistato la fiducia e la consapevolezza che, piccoli accorgimenti tattici sarebbero stati sufficienti a consegnargli un altro trofeo.

Quando abbiamo visto il punteggio che indicava 5-4 a favore di Federer e servizio a disposizione per chiudere la partita al terzo set, tutti abbiamo pensato che un paio di servizi vincenti e qualche discesa a rete sarebbero stati il copione finale di questa sfida. Sul 40-15 del game decisivo, qualcuno, simpatizzante di Del Potro, aveva già spento la tv per la delusione. Quella "arrogante" smorzata di Roger sul 40-30, dopo che l'argentino aveva annullato uno dei due match-point, per chiudere in bellezza la partita, ha determinato il seguito e l'esito della finale, con un altro tie-break che lo svizzero non ha praticamente giocato.

Juan Martin Del Potro ha guardato il cielo, quasi a cercare conferme divine su quanto stesse vivendo. Federer lo ha aspettato a centro campo, complimentandosi con un interpretabile "Enjoy" che, oltre ad invitare l'argentino a godersi quel momento, lasciava trapelare un invito ad una nuova sfida nell'immediato futuro, con la quale provare a prendersi la rivincita.

Il prossimo Master 1000 in programma da mercoledì 21 a Miami si prospetta come un ennesimo capitolo tra un Federer che, se come ribadito in altre occasioni, non ha niente da dimostrare a nessuno, ha ancora voglia di incidere il suo nome in molti altri albi d'oro del circuito, e un campione ritrovato, la cui carriera è stata troppe volte frenata da problemi fisici.

Una partita epica, che per la prima volta, anche i tifosi più fedeli di Federer, ne hanno accettato l'esito, riconoscendo al campione argentino una grande forza mentale e un'immensa umiltà nel sapere ritornare a certi livelli, e un campione svizzero, indiscusso ma, seppur definito in svariate occasioni "divino", un essere umano, con le sue eccellenze e, fortunatamente, le sue debolezze.

A proposito, 36 anni suonati di Federer, prossimi 30 di Del Potro. I rampanti e le "mature" promesse del circuito dovranno occupare ancora per qualche anno la figura di comprimari, fino a quando ci saranno loro due in circolazione.

Ci lascia un altro pezzo da 90 (° minuto) del giornalismo sportivo

Alla soglia degli 84 anni, se ne va l'icona sportiva del calcio Napoli, Luigi Necco.

14 marzo 2018

In tempi non sospetti, lo si vedeva in quei tre minuti scarsi di servizio riepilogativo, concessi agli inviati dislocati sui campi di calcio della serie A dall'estroso burattinaio del programma più amato dagli italiani calciofili, il mitico 90° minuto, Paolo Valenti.

Sagoma che bucava la schermo, un faccione verace e una dialettica che, volutamente, doveva solo in parte nascondere la napoletanità del suo dna. Luigi Necco rientrava tra quei giornalisti sportivi che ci hanno raccontato le gesta dei protagonisti delle arene di calcio. Accostabile a quella generazione di commentatori sportivi quali Tonino Carino, Beppe Viola, Marcello Giannini, Gianni Vasino e tutte quelle voci del giornalismo italiano che seppero spaziare tra la cronaca o l'attualità, prestando la loro professionalità ad argomenti ludici che, da sempre, allontanano gli italiani dai problemi della settimana.

Erano tempi in cui le sapienti parole utilizzate durante i servizi riepilogativi, che raccontavano in pochi minuti le emozioni di novanta minuti di trepidazione, sollecitavano la fantasia degli ascoltatori, posti in posizione di sudditanza ed impegnati con la mente a trasformare in immagini le ricostruzioni della cronaca di una partita di calcio, spesso colorate di enfatizzazioni e aneddoti che rendevano magico tutto il carrozzone dello sport più seguito dagli appassionati.

La sua mano a coprire la telecamera, alla fine di ogni collegamento del dopo partita dallo stadio San Paolo di Napoli, quella mano che non segnava solo un saluto virtuale con gli spettatori da casa, ma era un gesto di contatto umano che trapelava l'umiltà e la familiarità di un uomo contemporaneo alla nostra adolescenza e crescita, facendocelo sentire come uno dei tanti compagni da bar delle domeniche sere, con i quali commentare risultati, sogni, colpi di classe e polemiche.

I *uaglion'* dietro la sua postazione, con quello sfondo desolante dello stadio vuoto, che riuscivano a portarci nelle nostre case i fragori e le urla degli spalti, anche solo per quei pochi istanti del servizio giornalistico. Era tutto un mondo che riusciva ancora a camminare con i piedi per terra. Che invadeva la vita privata degli italiani durante i fine settimana, bissando l'invasione solo in occasione delle partite delle coppe europee del mercoledì. Che obbligava, anche quei personaggi più ottusi e svogliati del pubblico sportivo, ad integrare ed elemosinare notizie e retroscena, e scoop ed anteprime, dai quotidiani sportivi del lunedì, nei quali si cercavano le risposte per giustificare cocenti sconfitte, o esaltarsi con i successi delle squadre del cuore.

Che qualcosa sia cambiato in questo mondo di palloni, scarpette, calzoncini, e che questo cambiamento non ha significato obbligatoriamente un'evoluzione, ce ne siamo accorti tutti. Anche coloro che stanno provando a riportare l'attenzione verso il calcio in qualcosa di più folcloristico e oggetto di una spontanea risata sdrammatizzante. Trasmissioni come "Quelli che il calcio..." hanno dovuto ricorrere a questi megaliti del giornalismo sportivo per i loro sarcastici collegamenti dagli stadi. Necco con un vassoio di sfogliatelle a fingere di commentare una partita di calcio. O Sandro Ciotti a sfilare con la sua affezionata camicia anni '70. Personaggi che hanno urlato in silenzio, con la loro sarcastica intelligenza, la semplice verità che vuole il calcio, e lo sport in genere, un semplice ed ingenuo gioco.

Personaggi di un mondo che ha aggredito la nostra nostalgia. E come si dice in questi casi, provare nostalgia vuol dire soltanto che stiamo invecchiando. Addio Luigi Necco, da Napoli è tutto, a voi studio...

Michael The Air

Il 17 febbraio ha compiuto 55 anni. Dedicata a tutti gli appassionati che non hanno il coraggio di staccare il suo poster dal muro.

20 febbraio 2018

Quando ci si avvicinò al mondo della pallacanestro negli anni '80, si trascinavano le rivalità delle simpatie per le blasonate squadre italiane che si contendevano il palcoscenico nazionale e qualcuna anche quello europeo. Chi si appoggiava alle glorie di Varese, chi alle V nere di Bologna, chi all'1-3-1 dell'Olimpia Milano. Nel mezzo, l'ammirazione generale per Antonello Riva, il più grande cecchino italiano di sempre, con la sua Cantù. Ogni tanto una sorpresa si frapponeva tra le corazzate delle grandi città e vedere Caserta diventare Campione d'Italia, accendeva le speranze di piccole realtà che, negli anni a venire, avrebbero occupato l'attenzione degli addetti ai lavori.

In Sicilia, praticare basket, specialmente se vivevi in provincia, era un'impresa. Strutture inesistenti, spesso all'interno di palestre all'aperto delle scuole locali, non sempre accessibili dall'esterno al di fuori dell'orario scolastico. La fantasia veniva incontro a questa fame di basket. Cortiletti rionali con canestri improvvisati, inventati sul momento sfruttando il fustino di cartone del detersivo per lavatrice, che le madri cedevano ai figli.

Il pallone era unico. Quello che veniva utilizzato per il calcio, la pallavolo, a volte anche per il rugby in spiaggia. Perfetto nella sua misura per quel canestro improvvisato. La magia di tutto questo fu rovinata da Dan Peterson. Le prime immagini della Nba americana, il suo commento impastato da slang e "mamma, butta la pasta", ci portarono in casa atleti volanti, *slam dunk*, tiri da tre punti, ai quali non eravamo abituati.

La mano calda di Larry Bird, gli assist fantasma di Magic Johnson, il gancio cielo di Kareem Abdul Jabbar. E poi Isiah Thomas, folletto mezzo indios, Julius Erving che sembrava avesse davvero le ali nei suoi terzi tempi che staccavano da oltre la linea dei tre punti. Se ne potrebbero nominare a centinaia. Furono la spinta che consentì a molti di scavalcare quelle barriere di ferro, poste impunemente attorno ai campi di pallacanestro delle scuole.

Poi arrivò lui, a sconvolgere ulteriormente il sogno americano, appeso al muro della propria stanza. Se è vero che Larry Bird ebbe a dire di lui che, sicuramente, non appartenesse a questa terra, ma che a questa terra fosse stato dato in prestito per rendere il basket lo sport più amato negli States, almeno in quegli anni.

Chi non ha avuto una canottiera, magari taroccata, del mitico 23 su sfondo rosso dei Chicago Bulls? Michael Jordan è il basket. Paragoni che non smetteranno mai di essere messi sui parquet di tutto il mondo, provano a confrontarlo con miti del passato e del presente. Parole perse nel vento, lo stesso che lo ha sempre sollevato e trascinato fino alla retina da deflorare con la sua immensa eleganza.

Basterebbe ammettere che Mister Air è stato unico, inimitabile, geniale. È un discorso che vale per molti altri sport. Le solite gare all'eccellenza di tutti i tempi che vogliono Maradona meglio di Pelé, Federer più forte di Connors, Mohammed Alì più carismatico di Monzon. Quella stupida febbre di competitività applicata allo sport, che riesce ancora a mettere da parte l'essenza di praticarlo o seguirlo, con le sue differenze, le sue eccellenze, i suoi limiti. Le sue magiche creatività.

Noi rimaniamo con i piedi per terra, non potendo veleggiare sulle altitudini che Michael Jordan ci ha abituati ad ammirare nella sua lunga carriera. Vogliamo soltanto aggiungere una precisazione che, secondo noi, alla fine è la vera differenza tra le generazioni di campioni. È la correttezza e il rispetto per il mondo sportivo che ha accompagnato una buona parte della vita di questi extraterrestri. Un particolare che ci fa preferire un fuoriclasse rispetto ad un altro. Quello che ci auguriamo possa ritornare di moda come metro di valutazione per le prossime generazioni di sportivi.

Roger Federer: venti svizzeri

Il campione svizzero si aggiudica il suo sesto titolo a Melbourne e il ventesimo slam della sua incredibile carriera.

31 gennaio 2018

Grazie Marin per la tua paura iniziale, per aver preso subito coscienza che di fronte non avevi solo un avversario, ma la storia moderna del tennis.

Grazie Marin per la tua reazione, quando Federer era ad un passo per vincere anche il secondo set e lanciato verso una vittoria finale senza problemi.

Grazie Marin per aver reagito per una seconda volta, quando ti sei trovato sotto di un set con Federer nel quarto indirizzato a chiudere la partita.

Grazie Marin per averci creduto fino all'ultimo, per aver ringraziato Roger per l'occasione che ti ha dato di essere coprotagonista di un evento sportivo difficile da dimenticare.

Grazie Marin per aver accettato con umiltà la sconfitta, per aver dato appuntamento a questo palcoscenico per gli anni a venire, convinto che con il sacrificio degli allenamenti, potrai un giorno abbracciare quel trofeo che hai soltanto sfiorato.

Grazie Roger per aver restituito a questo sport un'identità creativa, che pensavamo fosse stata sepolta per sempre, insieme alle racchette di legno.

Grazie Roger per la tensione scritta sul tuo viso, ogni attimo di questo nuovo appuntamento con la storia di questo sport, la stessa provata e manifestata come se fossi stato al tuo esordio.

Grazie Roger per aver gioito come chi sa che, senza l'entusiasmo e la voglia di divertirsi ancora, non può pretendere di praticare alcun tipo di sport.

Grazie Roger per avere ispirato, ancora una volta, miliardi di nostalgici sparpagliati nei circoli di tennis più blasonati, e su qualsiasi campetto improvvisato su un terreno accidentato, diviso in due da una rete immaginaria.

Grazie Roger per le tue lacrime a bagnare un trofeo che ti dovrebbe vedere assuefatto al trionfo, sincere ed esplose a conclusione di un discorso di circostanza, rendendo questo mondo di soldi, sponsor, giocatrici e giocatori di dubbia etica, un poco più umano.

Grazie...

Australian Open 2018

Il tennis è uno sport dove non sempre vince il più forte. A volte basta essere più furbi.

27 gennaio 2018

Che il tennis sia uno sport che per portare risultati necessita di due indissolubili qualità, la tecnica e la testa, è da sempre risaputo. La condizione mentale, oggi allenata alla stessa stregua di quella fisica, fa la differenza tra due avversari che esprimono le stesse caratteristiche di gioco. Riuscire a mantenere la freddezza e la concentrazione giusta, consente di non commettere eccessivi errori e di interpretare la partita con un approccio vincente.

Molti giocatori si distinguono proprio per questo, non solo per le loro qualità di gioco. Sono quelli definiti glaciali, per la loro capacità di nascondere la tensione e l'emotività in certi frangenti dell'incontro. La finale femminile degli Australian Open vedeva di fronte la numero 1 del mondo, adesso ex, la rumena Simona Halep contro la danese Caroline Wozniacki, nuova leader della classifica mondiale.

Era noto a tutti che si sarebbe assistito ad una partita combattuta e senza una favorita netta, considerando che in queste due settimane, si erano apprezzate ambedue, la Halep per una maturità e crescita tattica che, non solo aveva giustificato la sua prima posizione mondiale, ma anche un miglioramento mentale che, nel recente passato le aveva fatto fallire proprie le ultimi fasi di importanti tornei internazionali. La Wozniacki, per essere tornata a grandi livelli di gioco e di risultati. In pratica, tutti erano d'accordo che questa fosse la finale più giusta.

Ma non vogliamo dedicarci alle note statistiche della partita. La danese ha scritto il suo nome nell'albo dello slam australiano, vincendo l'incontro e tornando al numero 1 del mondo, dopo sei anni di assenza. È più che sufficiente per riassumere i dati salienti. A noi importa risaltare come questa atleta sia arrivata ad aggiudicarsi il primo slam della stagione e della sua carriera.

La serata si era presentata subito molto umida e calda, niente di particolare considerando la location del torneo posta sull'altro emisfero e quindi nella stagione opposta a quella che stiamo vivendo in Europa. Le condizioni atmosferiche hanno inciso sin dall'inizio con maggior peso sulle caratteristiche della rumena, da sempre molto sofferente del caldo e dell'eccessiva umidità. A dimostrazione di questo, alla fine del secondo set, che la Halep si è aggiudicata portando il risultato su un set pari, le due atlete hanno potuto beneficiare della pausa di dieci minuti richiesta dalla Halep, costretta qualche game prima a farsi misurare la pressione sanguigna.

Al rientro in campo, ci si accorge subito che la pausa ha fruttato maggiori benefici alla Wozniacki che si porta subito sul 2-0. Un interminabile terzo gioco del set decisivo, riporta in partita la Halep che, dopo aver riperso il proprio turno di servizio, lasciando a tutti la sensazione di aver abbandonato la presa, con molta forza d'animo e abbreviando molto gli scambi si porta in vantaggio sul 4-3. Si va al cambio di campo con Simona che dovrà servire per allungare il vantaggio.

Il colpo di genio di tutta la partita lo confeziona Caroline. No, non stiamo parlando di un colpo tecnico di incredibile fattura o di un recupero a fondo campo miracoloso. Si tratta di ben altro. La Wozniacki che, fino a quel momento non aveva dimostrato alcuna fatica o risentimento muscolare o articolare che sia, si inventa, si, non troviamo altro verbo da utilizzare per rendere bene l'idea, un infortunio al ginocchio sinistro, chiedendo l'intervento del medico e dei dieci minuti di assistenza sanitaria.

Dieci minuti che decideranno il risultato finale. Si ritorna in campo con la Halep visibilmente danneggiata da questa imprevista interruzione, mentre era in vantaggio. Si spezza il ritmo agonistico che le aveva consentito di vincere gli ultimi tre game di fila e di preparare il colpo di grazia per la Wozniacki. Ed invece, è proprio quest'ultima che, miracolosamente, come se l'infortunio al ginocchio non fosse mai esistito, si trasforma in una furia e, approfittando del crollo mentale della Halep, inanella tre game consecutivi e si aggiudica il torneo.

Intendiamoci, il tennis ci ha abituati molte volte a questi capovolgimenti del risultato, ma qui è fin troppo evidente un comportamento furbesco e al limite della correttezza sportiva. Chi si appassiona di tennis e lo preferisce agli spettacoli, spesso indecorosi, che il più popolare sport italiano offre, è anche perché la correttezza ed il rispetto per l'avversario ed il pubblico, è messo al primo posto rispetto al risultato. In tempi di tecnologia applicata allo sport, il tennis è sempre stato all'avanguardia, dovendo essere supportato da macchine in grado di aiutare i riflessi dell'occhio umano, visto che un punto è sempre questione di centimetri, con palline che negli scambi viaggiano a 150 km/h.

Ciò non toglie che sia diventato veramente raro l'episodio di giocatori che vanno in escandescenze e non solo per le multe previste dalla Federazione. Quello che ha sempre fatto la differenza con il calcio, è l'assenza del pareggio che costringe gli atleti a provare a rimanere in gioco fino all'ultimo. Ricorrere ad espedienti come quello messo in opera dalla danese, riporta il tennis a quel meschino atteggiamento che, nel calcio, ha visto entrare in scena la Var, per provare ad impedire a cascatori, simulatori e sviste volute degli arbitri, spesso verificatasi inutile.

Senza nulla togliere ai meriti sportivi della Wozniacki, alla ancora fragilità di tenuta mentale della Halep, ci uniamo anche noi a quanto sarà diffuso a caratteri cubitali sui giornali sportivi: Caroline Wozniacki è la nuova campionessa. Sì, di furbizia.

Chung Hyeon, un coreano con la racchetta in mano

Il nome Corea è tornato all'attenzione dei media in modo prorompente. I motivi sono di dominio pubblico. Ma la Corea non è solo sinonimo di minaccia nucleare.

23 gennaio 2018

A guardarlo vengono in mente certi personaggi di contorno nei film cult anni '70 che, spesso, vedevano protagonisti eroi senza macchia e senza paura che affrontavano schiere di presuntuosi ed arroganti combattendoli solo con le mani ed i piedi in movimento imprevedibile, frutto della sapiente applicazione delle antiche arti marziali asiatiche.
Chung Hyeon usa anch'egli le mani ed i piedi. I piedi per correre come una scheggia impazzita da una parte all'altra della propria metà di campo. Le mani per sferrare colpi micidiali con la sua racchetta ad oltre 140

km/h o per ribattere gli attacchi degli avversari che gli provengono dall'altra parte della rete.

E dire che Chung si è avvicinato al tennis per contrastare la sua precoce miopia che lo costringe, anche adesso che ha superato i venti anni, ad inforcare costantemente gli occhiali. Lo stile tennistico di questo coreano (del Sud) rispecchia integralmente quello che una ventina di anni fa invase i circuiti di tutto il mondo, con una schiera di palleggiatori da fondo campo che avevano l'obbiettivo di rimandare la palla all'avversario con la maggior profondità possibile e, specialmente, con velocità impressionanti.

Erano gli anni degli allievi di Nick Bollettieri che, oltre a sfornare cecchini statunitensi che facevano viaggiare la palla ad oltre 200 km/h durante i propri turni di servizio, lanciò la moda del rovescio rigidamente a due mani, in barba alle più classiche ed eleganti interpretazioni di questo colpo alle quali ci eravamo abituati, guardando giocare i vari McEnroe, Muster, Sampras, Rafter, tanto per citarne qualcuno. Molti addetti ai lavori, collocano in quel periodo il passaggio tra il tennis come sport di eleganza ed inventiva ad una sorta di braccio di ferro da fondocampo con, sempre meno frequenti, discese a rete.

Certo, certi tennisti del recente passato e del presente, grazie al loro immenso talento, hanno sostenuto la passione di molti tifosi più legati a tecniche tradizionali, nonostante il velocizzarsi del gioco e gli attrezzi sempre più sofisticati e leggeri. Oggi, Federer, Wawrinka, Dimitrov riescono ancora a pareggiare i conti con questo eccessivo progressismo del gioco del tennis che, a volte, ammettiamolo, rischia di rendere uno degli spettacoli più affascinanti di sempre, in una monotona battaglia da fondocampo a chi la spara più forte.

Tornando a Chung, lo avevamo lasciato al Next Gen di Milano, lo scorso novembre, quando in questa sfilata di giovani promesse, aveva sbaragliato gli avversari più accreditati, per aggiudicarsi il torneo battendo in finale il russo Rublev, altra stella nascente di questo sport. La sua vittoria passò in sordina, sia per la natura esibizionista di quel torneo, sia perché le regole provate in quella occasione, atte a trasformare il tennis anche nei circuiti principali ATP, l'avevano fatta da padroni lasciando agli spettatori molti dubbi su queste novità non richieste. Mentre gli organizzatori si preoccupavano di mostrare agli astanti la fantasia delle loro nuove regole, dal punteggio da fissare a 4 per ogni set, alla cancellazione del net nel servizio, al killer point sul 40 pari, molti si chiedevano se non fosse stato invece il caso di alzare la rete di qualche centimetro o, magari, ridurre l'ampiezza di del rettangolo di battuta per limitare gli assoli ed i monologhi del tennista croato Karlovic, abituato a statisticare oltre 50 ace in un incontro, durante le sue giornate ispirate.

Il coreano, nonostante quanto detto, aveva sorpreso tutti, dimostrando un margine di miglioramento imponderabile che, in questi giorni, all'apertura della nuova stagione ATP, con il classico appuntamento con il primo Slam dell'anno australiano, ha dato le risposte a chi a Milano, l'aveva visto come una meteora tutta da verificare.

Ed eccolo, sul terreno più a lui congeniale, senza grosse aspettative da parte degli esperti che, quando lo hanno visto segnato sul tabellone dei sedicesimi di finale contro il ragazzo terribile vincitore di Roma 2017, Alexander Zverev, lo avevano già condannato ad una sonora sconfitta, non solo ha superato quello che molti considerano il futuro numero 1 del ranking, ma si è sbarazzato negli ottavi del redivivo Djokovic, rientrato dopo diversi mesi di assenza e considerato come probabile guasta feste dei due protagonisti del 2017, Nadal e Federer, che avevano deliziato gli occhi nella finale dell'anno scorso.

Sulla strada di Chung nei quarti di finale, adesso c'è un'altra sorpresa di questa edizione, l'americano Sandgren che sta riaccendendo le speranze degli statunitensi di tornare protagonisti in questo sport, dove negli ultimi anni hanno soltanto vivacchiato, consolati dalla Williams in campo femminile, dominatrice assoluta. Sarà una sfida dal risultato incerto, con un leggero vantaggio nei pronostici a favore di Chung. Se dovesse superare anche questo ostacolo, una non così improbabile semifinale con Federer, che dovrà però superare un Berdych esplosivo e tornato ai livelli di qualche anno fa, sarebbe protagonista assoluto di uno scontro generazionale tra due modi distanti di interpretare il tennis. Un passaggio generazione che molti attendono con trepidazione, ma che tarda ad arrivare con tanti giovani, ancora solo promesse non mantenute.

Elina e Sascha, regina e re di Roma

22 anni lei, 20 anni lui. Le due inaspettate sorprese vincitrici dell'edizione 2017 degli Internazionali di Italia di Tennis.

24 maggio 2017

Il tennis è cambiato da qualche anno. Più di quanto si possa immaginare e seguire con tempestività, archiviando i risultati settimanali consultabili sui vari siti internet dedicati. Materiali diversi e preparazione atletica che ha raggiunto ormai i livelli di altri sport muscolari, quali atletica o lo stesso calcio, hanno dato vita ad una disciplina molto diversa dalle sue origini. Oseremmo dire, un altro sport.

Durante la premiazione del singolare maschile, domenica pomeriggio, la figura esile e mingherlina di Rod Laver faceva quasi tenerezza, in mezzo a Novak Djokovic e Alexander Zverev, che lo sovrastavano di una ventina di centimetri. Ma sono state le immagini di repertorio scorse sul tabellone elettronico del campo Centrale del Foro Italico che hanno evidenziato il divario di due mondi sempre più lontani, in occasione del riconoscimento alla carriera, la Racchetta d'Oro, al grande campione australiano che un altro grande, Nicola Pietrangeli, gli ha consegnato con orgoglio.

Quei colpi in bianco e nero, che sembravano susseguirsi quasi al rallentatore, se paragonati alla velocità impressionante registrata negli scambi a fondo campo tra il campione serbo e l'astro nascente russo-tedesco, oltre a mostrare un amarcord di ritmi ed eleganza che non riguardava solo l'aspetto sportivo, hanno risvegliato quel pizzico di nostalgia per uno sport che, in quegli anni, si basava maggiormente sulle qualità tecniche e di tocco, quasi da spadaccini, rispetto ad una più fredda potenza.

L'implacabile rivelatore elettronico, posto a fondo campo, che ha mostrato la velocità raggiunta dalla pallina, scagliata dall'altra parte della rete durante i servizi, ha fatto rilevare una escalation da infrazione dei limiti consentiti, specialmente quando alla battuta era impegnato Zverev. Abbiamo potuto leggere una velocità sempre oltre i 200 km/h, con punte di 207, 212 e 218 che, solo una posizione visiva a fondo campo poteva consentire di seguire il percorso della pallina fino al quadrato di battuta.

La stessa partita, durata poco più di ottanta minuti e vinta da Zverev con il punteggio di 6-4/6-3, è stata monopolizzata da intensi e combattuti scambi a fondo campo, occasionalmente interrotti da qualche palla corta, provata più per disperazione dal serbo per spezzare il trance agonistico del giovane tedesco. Situazioni che, tra l'altro, hanno evidenziato una maggiore sensibilità di Djokovic nel gioco sottorete, che ha vinto nella totalità delle occasioni quando è stato costretto ad inseguire una palla corta sotto rete. Quasi ridicola e goffa la reazione di Zverev in situazione opposta che, pur agevolato dalle lunghe leve che gli hanno consentito di raggiungere la pallina tagliata dal serbo, ha mostrato i limiti di un giocatore moderno che avvia il gioco e lo conclude qualche metro indietro dalla linea di fondo campo, finendo spesso per sbagliare il colpo seguente.

Analoga situazione, se non addirittura peggiore, l'abbiamo vissuta assistendo alla finale di singolo femminile, che vedeva impegnate, da una parte la favorita della vigilia Simona Halep, reduce dalla vittoria a Madrid della settimana precedente e ben a suo agio sulla terra rossa, e dall'altra parte, la tennista più in forma di questa prima metà della stagione, l'ucraina Elina Svitolina. Ha vinto, quasi a sorpresa, la Svitolina anche se dobbiamo evidenziare che la partita, indirizzata verso una veloce conclusione in due set a favore della rumena, è stata fortemente condizionata dall'infortuno di quest'ultima a causa di una distorsione, accusata nel primo set, vinto 6-4.

Un incontro con violenti scambi di fondo campo che, in diverse situazioni di gioco, dava per scontata una logica scesa a rete con conseguente chiusura al volo del punto. Una situazione che non si è praticamente mai verificata, lasciando ad un lungolinea o ad un incrociato la decisione del quindici. Il risultato finale è stato 4-6/7-5/6-1 a favore dell'ucraina.

La giornata sportiva ci ha anche consentito di poter godere di un sole quasi estivo che non ha scoraggiato gli appassionati a gremire gli spalti in ogni ordine di posto. Da appassionati di questo sport, ci siamo chiesti se, piuttosto di provare a modificare le regole classiche con i tentativi discutibili che saranno protagonisti del prossimo Next Gens di Milano a novembre, non sia il caso di inventarsi qualcosa per riportare il tennis a condizioni più umane. Magari innalzando di qualche centimetro la rete.

Roger Federer e la storia del tennis

Il campione svizzero sconfigge il grande rivale di sempre Rafael Nadal e scrive un'altra pagina di storia di questo sport. Punteggio: 6-4/3-6/6-1/3-6/6-3

29 gennaio 2017

Questa è una di quelle giornate di sport per le quali, davvero, qualsiasi parola sembra superflua. Una di quelle che fa crollare qualsiasi paragone con il passato, i suoi campioni, le immagini vintage in bianco e nero e le inutili classifiche di sempre che, banalmente, cercano di stilare una griglia di campioni insuperabili, o superabili, in base alla propria personale bacheca di successi.

È raro, se non unico, poter paragonare il presente con il passato, quando il protagonista del momento rappresenta anche il presente. Si rischia di dover mettere a confronto le gesta dello stesso sportivo, non rimanendo altro che provare a spostare in avanti i limiti delle vittorie di un campione, che è già leggenda.

Roger Federer è tutto questo e migliaia di altre congetture, professionali o da bar, sfornate a ripetizione in quasi venti anni di carriera nel professionismo. Ci sono sufficienti dati statistici, legati alla sua storia sportiva, da rischiare veramente ed inutilmente di smarrirsi. Federer, pur essendo stato oggetto di numeri da record, di paragoni con i campioni del passato, ha saputo superare la freddezza di questi dati, grazie ad uno stile che ha saputo coniugare la potenza e la velocità di gioco, evoluzione inevitabile del tennis con l'avvento dei nuovi materiali, con l'eleganza e quel tocco di polso, degno sicuramente dei protagonisti dei decenni passati, ma personalissimo ed ineguagliabile in questo campione.

L'impresa, quella di aggiungere un nuovo capitolo alla sua lunga carriera, non era preventivabile né facile da realizzare. Essere giunto all'età di 35 anni, considerando l'avvento di nuove leve in piena esplosione sportiva, senza dimenticare giocatori più giovani di almeno cinque anni ma protagonisti indiscussi da diversi anni, quali Djokovic o l'attuale numero uno del ranking, Andy Murray, rappresentava solo una lontana speranza di poterlo rivedere con le braccia innalzate a stingere il trofeo di un altro slam.

Le immagini del campione svizzero dell'anno precedente, la sua lunga pausa che gli aveva fatto saltare tutta la seconda parte della stagione 2016, aveva lasciato pensare di assistere alla fine inevitabile di una carriera prestigiosa, ma ormai al prologo, vista l'età.

La vittoria di ieri, in campo femminile, di un'altra over 35 quale Serena Williams, che si era aggiudicata il suo ventitreesimo slam e riconquistando la prima posizione nella classifica mondiale, lasciava spazio a qualsiasi speranza di poter assistere ad un nuovo miracolo sportivo, portato a termine da Roger Federer.

Dall'altra parte, poi, si ritrovava un altro campione redivivo, Rafael Nadal, anche lui martoriato da problemi fisici nella scorsa stagione e suo rivale storico, contro il quale lo svizzero si era dovuto inchinare troppe volte, tanto da temere che potesse rappresentare il muro insormontabile per la conquista del suo diciottesimo slam.

Come previsto, non è stata una passeggiata. Tutti e due venivano da due lunghissime semifinali, rispettivamente Federer impegnato nel derby svizzero con Stan Wawrinka e Nadal contro il sorprendente Dimitrov, partite concluse al quinto set. Sicuramente preoccupava il recupero fisico e mentale di Federer, rispetto alla grinta e alla rinascita del campione spagnolo, lanciato verso il completo ritorno sui palcoscenici più importanti del circuito Atp. E da protagonista, oltretutto.

Ci sono voluti 3 ore e 40 minuti, un paio di verifiche con l'occhio di falco elettronico, in occasione del servizio dello svizzero mentre di era al quinto decisivo set sul 5-3 Federer. L'ultimo colpo, il diritto a tutto braccio dello svizzero, vicinissimo alla riga, ha lasciato a Nadal la remota speranza che non avesse toccato la linea. Poco convinto anche il campione spagnolo, che ha atteso l'esito della verifica regalando al pubblico una smorfia di scarsa convinzione. Quando sul grande schermo del Rod Laver Arena di Melbourne, inequivocabilmente il fermo immagine documentava l'impresa dello svizzero, da una parte i salti di giubilo, degni di un ragazzino al suo primo successo in uno slam, ha fatto da contraltare ad un rassegnato Nadal, consolato solo in parte di essere stato protagonista principale in questa pagina di storia di uno dei più affascinanti sport di sempre.

Incredulo, palesemente emozionato e commosso, Federer ha ripercorso i suoi ultimi venti anni di vita sportiva, mentre Rafael, molto più simpatico quando non ha una racchetta in mano, durante la cerimonia di premiazione ha decantato gli elogi del suo grande rivale, lasciandosi dietro la tensione dell'incontro, e concedendosi la battuta che fosse davvero un peccato che il tennis non preveda il pareggio.

Sarà un triste momento, per noi mortali appassionati di questo sport, il giorno in cui Roger Federer lascerà i campi di gioco per dedicarsi completamente alla sua famiglia. In uno sport, purtroppo, coinvolto in varie spiacevoli situazioni che hanno messo a dura prova la credibilità e il mito, come è avvenuto con l'atletica leggera, il nuoto, il calcio ed altre discipline, a causa di un eccessivo giro di soldi, e con l'avvento prepotente delle scommesse, legali e clandestine, i troppi episodi di doping, si sente il bisogno di personaggi come Roger Federer e le sue magie, e di Rafael Nadal e i suoi ossessivi tic.

La stagione 2017 è appena iniziata e preferiamo abbandonare il pensiero a quello che sarà il tennis nel dopo-Federer. Oggi vogliamo acclamare il trionfo di un campione, sperando di poterlo applaudire, ancora una volta, il prossimo maggio a Roma in occasione degli Internazionali d'Italia.

Thiem-Federer 7-6/6-4

La promessa austriaca del tennis mondiale batte la leggenda Roger Federer agli Internazionali d'Italia 2016.

12 maggio 2016

La sconfitta maturata da Roger Federer ad opera di Dominic Thiem non deve certo far sorprendere. Non solo per il fatto che il tennista austriaco, numero 15 del mondo, ha già dimostrato in questo inizio di stagione le grosse potenzialità di miglioramento che, come è noto, in questo sport non sono rappresentate soltanto da un fattore tecnico. L'aspetto psicologico utilizzato nell'approccio alle partite, specialmente quando si affronta una leggenda vivente di questo sport, riesce a compensare l'eventuale divario.

Roger Federer, giunto a questa competizione romana non al meglio delle condizioni fisiche, ha avuto come maggior ostacolo un avversario che, per il gioco espresso fino a questo momento della carriera, ha dimostrato di poter già competere contro i nomi più blasonati del ranking e, cosa da non sottovalutare, su qualsiasi superficie.

Il quasi trentacinquenne svizzero che, oltre ad essere sicuro di rimanere nella mente e nella nostalgia degli appassionati anche dopo tantissimo tempo da quando deciderà di ritirarsi, non aveva certo un compito facile, considerando i vari infortuni di inizio stagione ma anche, almeno a molti ha dato questa impressione, una stanchezza psicologica comprensibile dopo quasi venti anni di professionismo agonistico.

Un limite che, la partita di oggi lo dimostra, Dominic Thiem sta, mese dopo mese, contenendo, diventando ufficialmente uno dei personaggi di questa amato sport al quale affidare le speranze future per chi, andando contro corrente ai perfezionisti del tennis moderno, si riconoscono maggiormente in uno sport più tradizionale. Quello per intenderci che, spaziando tra una volée e una smorzata e soprattutto, un più elegante rovescio ad una mano, ha scritto le pagine più significative nella storia di questa antico sport.

Potremmo aggiungere che Federer, nella sua strepitosa carriera, non ha mai avuto un rapporto idilliaco con la terra rossa. Basti pensare che, oltre all'edizione 2009 del Roland Garros di Parigi, su questa superficie non ha raccolto molti successi negli Slam, nonostante le numerose finali. A Roma, anche l'anno scorso, molti tifosi si illusero di vederlo trionfare, nonostante il torneo capitolino non rientri tra i tornei Slam, ma un insuperabile Djokovic frantumò il sogno, dominando anche un Foro Italico schierato spudoratamente a favore dello svizzero.

Occorre ammettere che, in uno sport così logorante sia sotto l'aspetto fisico, ma anche come abbiamo detto, sotto quello mentale, l'anno in più con il quale deve inevitabilmente fare i conti, rappresenta per questo 2016 il problema maggiore per provare, quanto meno, a ripetere la stagione precedente. Una stagione che lo vide trionfatore a Brisbane, Dubai, Istanbul, Halle, Cincinnati e Basilea. Un 2015 che ha superato come unico potenziale rivale di un "mostruoso" Novak Djokovic, contro il quale si è permesso di vincere per tre volte nella stessa stagione. Certo, rimarranno negli annali anche le amare sconfitte, tra tutte quelle collezionate nella finale di Wimbledon e alle Finals, senza considerare quella subita dal nostro Seppi agli Australian Open.

Sarà difficile aspettarsi un Federer che, lo ribadiamo, ad agosto avrà 35 anni, protagonista dei tornei più importanti della stagione. I tifosi e gli appassionati di questo sport si augurano di essere smentiti sin dalle prossime occasioni. Anzi, è il caso di dire che, proprio per le caratteristiche tecniche del gioco espresso dal giovane Thiem, questa sconfitta romana appare come un passaggio di consegne tra il vecchio maestro e l'asso nascente austriaco, accomunato al campione svizzero da un bagaglio di colpi che nulla hanno da invidiare a quelli ammirati per quasi due decenni, durante la carriera di Federer.

Ci concediamo il lusso di poter affermare che, durante questo scontro generazionale che si è consumato oggi a Roma, la prestazione del giovane tennista austriaco ha raccolto i consensi e in eredità, molta tifoseria legata alla leggenda svizzera. Il rovescio ad una mano di Thiem ha lasciato il segno. L'ultima considerazione che ci sentiamo di fare è che, com'era prevedibile, anche in questa occasione davanti all'impresa quasi irriverente di un ventiduenne, qualsiasi articolo che ci presteremo a leggere sulla partita, sarà monopolizzato dalle ipotesi di futuro della carriera dello svizzero. Quasi come se ci si potesse illudere di una possibile rinascita di questo grande campione.

Senza pietà

Alex Schwazer non merita il nostro perdono, né le attenuanti di un ragazzo che si è pentito quando ormai era dentro un cul-de-sac.

9 agosto 2012

Un merito ad Alex Schwazer bisogna riconoscerglielo: è riuscito a distrarre l'opinione pubblica dalla bagarre verbale tra Monti e Berlusconi. Per il resto, almeno da parte nostra, non è degno di alcuna considerazione.

Perché nel nostro piccolo, tutti ci siamo affacciati al mondo dello sport da ragazzini. E ci siamo affacciati con i nostri sogni appesi ai muri delle nostre camerette. Pietro Mennea che bruciava gli avversari di sempre, il britannico Wells e il giamaicano Don Quarrie, negli ultimi trenta metri nella finale dei 200 metri a Mosca nel 1980, ha segnato un'epoca di una generazione di atleti in erba nel tentativo di emulare il campione barlettano.

Ma anche la mamma saltatrice, Sara Simeoni, con il suo fisico prêt-à-porter, diventato di "moda" tra le modelle sin dall'inizio degli anni '90 sulle passerelle di tutto il mondo, ha segnato la vita degli appassionati di atletica, sempre nell'edizione moscovita dei Giochi Olimpici, quando si permise il lusso di lasciarsi alle spalle campionesse come la polacca Kielan, la tedesca dell'est Kirst e addirittura la quasi imbattibile Ackermann, giunta quarta fuori dal podio.

E chi può dimenticare la bellissima Gabriella Dorio, che sorprese il mondo, e non solo i tifosi italiani, nell'edizione del 1984 a Los Angeles dei Giochi, quando si aggiudicò la medaglia d'oro nei 1500 metri ed è tutt'ora primatista italiana degli 800 metri.

Potremmo fare tantissimi altri nomi: Damilano, per restare nel campo della marcia; Cova, Antibo, Mei nella specialità dei 10000 metri; Panetta, il ragazzo di Calabria che si lasciava dietro i keniani nella gara dei

3000 siepi. Si, ne potremmo fare tantissimi. Tanti che hanno segnato la storia dell'atletica italiana, con i suoi alti e bassi, i suoi trionfi e le sue delusioni. Così affascinante, da richiamare ancora moltissimi giovani verso uno sport, che solo raramente ripaga con la ricchezza e ancor meno, con i risultati.

Alex Schwazer non merita il nostro perdono, né le attenuanti di un ragazzo che si è pentito quando ormai era dentro un cul-de-sac, dal quale nessuno avrebbe potuto più farlo tornare indietro. Non sarebbe giusto. Per quelle migliaia di atleti sconosciuti sparsi nel territorio nazionale, con canottiere e pantaloncini improvvisati, su campi polverosi di periferia, o su piste improvvisate sui lungomari di paese a lanciarsi in 100 metri misurati per difetto, nelle ore canicolari di estati infuocate ad evitare troppe interruzioni delle auto in transito.

Non sarebbe giusto, per coloro che hanno dovuto rinunciare ad un sogno, non per forza olimpico, ma di gioia da condividere negli sfottò del dopo gara, dentro salette da bar poco illuminate, e tutto per colpa di infortuni senza ritorno, adagiati su carrozzine di consolazione.

Noi stiamo con quelli che, alla notizia, si sono istintivamente lasciati andare a coloriti commenti da bar, o da spiaggia se preferite. Quelli che lo avrebbero preso a nerbate, più incalzanti ad ogni nuovo scoppio di lacrime. Quelli che lo avrebbero mandato a zappare per vedere se, anche così, avrebbe comunicato al mondo che la vita dello sportivo famoso, era un lavoro pesante da sopportare. Quelli che continuano a correre alle 4 del mattino, su sterrati polverosi, a sognare una maratona da 42 chilometri e rotti, con la quale oltrepassare la linea di arrivo, almeno una volta.

Adesso, mentre sei davanti alle telecamere di tutto il mondo, mentre provi a spiegare qualcosa che non riesci neanche a comprendere, mentre tutti fanno a gara a riconsegnarti un'immagine che, con un eccessivo eufemismo, hai dichiarato gettata nel fango, pensa a chi questa piccola possibilità di riscatto e di rinascita non l'ha mai avuta. Fra tutti, Marco Pantani.

Tu, bambino capriccioso, che ti sei incazzato battendo i piedi alla conquista di una medaglia di minor pregio dell'oro, rendendoti ridicolo davanti alle telecamere di mezzo mondo. Tu, che in questi anni di pseudo-lotta al doping, hai rappresentato un volto "pulito" da emulare. Tu, che senza saperlo, o forse si, con il tuo gesto rappresenti la prova vivente del poco rispetto per coloro che usano i tuoi "sacrifici" per campare una famiglia. Tu, speriamo ingenuo ragazzo dei nostri tempi, se cercavi un modo per far parlare di te, nel pieno spirito del "che se ne parli bene o male, l'importante che se ne parli", ci sei riuscito a pieno.

Per il resto, noi, che abbiamo riposto i nostri sogni olimpici sui poster delle nostre camerette, che piano piano si stanno staccando dai muri, non ti perdoneremo mai.

Fabrizio Donato: triplo d'oro

L'italiano vola a 17,63 (ventoso) e conquista la medaglia d'oro agli Europei di atletica di Helsinki.

3 luglio 2012

Il fascino avventuristico dell'atletica leggera, disciplina per eccellenza tra gli sport più antichi praticati dall'uomo, ha perso negli ultimi anni la sua capacità attrattiva per coloro che si rispecchiavano in un modo diverso di concepire lo sport, lontano dai grossi interessi economici che hanno spesso falsato e "truccato" i risultati.

Il doping in tutto questo ha fatto la sua parte. La corazzata della Germania dell'Est che spadroneggiava il tartan in ogni angolo del mondo già alla fine degli anni '70, proseguendo fino alla caduta del muro di Berlino, ha segnato un cambiamento di rotta verso l'atletica e i suoi nostalgici accostamenti decoubertiani.

Chi non ricorda le famose canottiere blu dei primi esperimenti a colori della televisione italiana, che facevano da sfondo all'acronimo DDR (Deutsche Demokratische Republik) che avvolgevano le fasce muscolari e raramente aggraziate delle atlete tedesche nelle manifestazioni internazionali degli anni '80?

Il dominio era incontrastato e sospetto. A parte i successi personali nelle gare singole delle campionesse tedesche, nella velocità a squadre, le staffette 4x100 e 4x400 aggiornavano il record mondiale ad ogni occasione agonistica. Cognomi come Koch, Goehr, Gladish, Oschkenat, fino alla Drechsler, alla Krabbe. Per non parlare della Heidi Krieger, campionessa di lancio del peso che, per la massiccia somministrazione di steroidi, assunse connotati maschili, così evidenti da decidere di sottoporsi ad un intervento chirurgico per diventare uomo, cambiare il nome in Andreas e sposarsi con un'altra vittima del doping, la nuotatrice Ute Krause.

Il fenomeno coprì in parte i sospetti su altre potenze internazionali di questo sport. A parte il caso emblematico del centometrista Ben Johnson che stupì il mondo, prima, e si ricoprì di ridicolo, dopo, in occasione delle Olimpiadi di Seul '88 e il suo, per quei tempi, fantasmagorico 9.79 ottenuto in finale, la vicenda della Florence Griffith-Joyner, la velocista che durante gli stessi giochi di Seul fermò il cronometro sul tempo 10.49 sufficiente addirittura per entrare nel lotto dei finalisti maschili della gara dei 100 metri, sconvolse il mondo quando nel 1998 morì a solo 38 anni per una crisi epilettica, che lasciò seri dubbi sulla sua assunzione di anabolizzanti che giustificassero i suoi risultati sorprendenti (registrò a Seul anche il fantastico tempo di 21.34 nei 200 metri).

In tempi più recenti, anche la Cina sfornò dal nulla campionesse del fondo e del mezzofondo, meteore capaci di vincere medaglie d'oro e frantumare record mondiali nella maratona e nei 10.000 metri, per poi sparire nel nulla, occultate anche dagli scandali sul doping e le conseguenti squalifiche.

Domenica 1° luglio, a meno di un mese dall'inaugurazione delle Olimpiadi di Londra, mentre i calciofili si stavano preparando alla finale del campionato europeo di calcio, che ha visto protagonista l'Italia, si chiudevano anche gli Europei di Atletica Leggera di Helsinki 2012.

Helsinki ha da sempre rappresentato la sede ideale per rappresentare l'atletica leggera e i suoi antichi fasti, di leggende e imprese eroiche. È stata anche la sede dei Mondiali di Atletica nel 1983, l'edizione che ci fece conoscere il campione statunitense Carl Lewis, capace di vincere tre medaglie d'oro, rispettivamente nei 100 metri, il salto in lungo e la staffetta 4x100.

Domenica, adombrata dalla manifestazione calcistica che abbiamo citato, l'italiano Fabrizio Donato ci ha regalato la medaglia d'oro nella disciplina del salto triplo, con un salto di 17,63 metri che meritava una maggiore enfasi mediatica. Un risultato che, in parte, ha compensato la delusione della disfatta della nazionale italiana di calcio ad opera della Spagna e ci auguriamo, possa rilanciare un interesse verso uno sport quale l'atletica leggera, culla di culture, di antichi miti e di un'espressione più pura e nobile dell'attività sportiva in genere. Guardiamo a Londra per provare ad avere le risposte. Se non altro, più pulite.

Totti andrà ai Mondiali

Un infortunio, in Italia, può capitare a chiunque. La differenza, però, la fa sempre il denaro.

22 febbraio 2006

Sa di miracoloso, l'incidente occorso a Totti, domenica pomeriggio all'Olimpico. Calcisticamente parlando, la Roma aveva un appuntamento con la Storia di questo sport: le dieci vittorie consecutive in campionato. La squadre capitolina non ha mancato al rendez-vous, atteso per tutta la settimana dai tifosi giallorossi.

Anche il destino era lì. Con la sua imprevedibilità e il suo accanimento. Un'azione di gioco fortuita. Un contrasto con il difensore avversario. La caviglia che si piega. L'urlo di dolore. La barella in campo. La corsa in ospedale. Il responso medico. L'intervento chirurgico.

Totti al risveglio collegato con mezzo mondo. Sia sportivo che politico. Oggi. Forse, esce con le sue gambe. Pronto alla terapia di recupero e rieducazione dell'arto. Per la sua magica Roma. Per la Nazionale impegnata a giugno ai prossimi Mondiali di calcio in Germania.

È questa velocità d'azione, che con le tecniche calcistiche non ha niente da spartire. È questa efficienza di una branca del sistema sanitario nazionale, da tempo obbligato a spiegare le inadeguatezze della sua gestione che, sommate alle contraddizioni, hanno coniato il termine di "malasanità". È questa disparità di trattamento che, non cadiamo nell'ipocrisia, ha dato adito a supposizioni intrise di sogghigni beffardi, difficilmente oppugnabili.

La cronaca, poi, non ci aiuta a smentire le dicerie. I casi di morte "evitabili" e sotto l'occhio vigile degli ispettori del Ministero della Sanità. Non ultimo purtroppo, l'uomo deceduto durante il trasporto verso l'ospedale San Elia di Caltanissetta, dopo che il pronto soccorso lo aveva dimesso con un antidolorifico. La lunga lista di episodi spiacevoli e luttuosi, che hanno riempito le pagine di cronaca di tutta Italia, confermano le ipotesi di un problema che investe tutto il territorio nazionale.

Noi di Girodivite siamo andati a visitare le varie strutture, nelle quali si può imbattere il cittadino medio, quando viene a contatto con l'SSN nelle sue sfaccettature.

Il primo impatto è con l'ambulatorio del medico di famiglia. Sono lontani i tempi, alcune volte ancora utilizzati negli spot televisivi, del medico che armato di passione e senso del dovere, affrontava le intemperie per raggiungere l'infermo in ansia di soccorso e specialmente, di una parola di conforto. Oggi si va dal medico coscienti di dedicare all'ambulatorio almeno due ore del proprio tempo. Molte volte per motivi futili e non necessari, come la prescrizione di una semplice aspirina. Qui, la colpa è facilmente divisibile tra le vecchie e brutte abitudini dei cittadini, che continuano a riempire gli armadietti di scatole multicolore, e i medici che assecondano questi vizi sociali, prescrivendo medicinali costosi e in molti casi, sostituibili con prodotti meno sponsorizzati.

La visita di conseguenza alla farmacia rappresenta la transumanza dei quaranta pseudopazienti che, più inclini al pettegolezzo che ad una reale necessità, hanno fatto la fila per parlare con il medico di famiglia. L'elenco dei farmaci prescritti per parenti e amici è degno di un menù portate da ristorante.

I veri problemi nascono quando la gravità del caso costringe a rivolgersi a centri specializzati per esami approfonditi. Rivolgersi alle strutture gestite dall'SSN necessita di una buone dose di pazienza e di speranza che il proprio caso non sia, poi così grave. Perché le liste d'attesa e i tempi sono da apocalisse. Particolari condizioni che, onestamente non auguriamo a nessuno, permettono sconti temporali se il malato in attesa di esame specifico, è soggetto a patologie croniche. Oppure, puoi sempre dire di conoscere Totti.

A tal proposito, riportiamo il racconto di un signore che ha pazientemente aspettato il n.43 sul display della farmacia di turno, ammazzando il tempo insieme a noi, con i ricordi. Ci ha raccontato di suo figlio Mario che rifiutò il lavoro di vetraio nella bottega di famiglia, per andare ad allenarsi su un campo di terra battuta, con il sogno preso a calci nella speranza di poter calcare erbe più raffinate negli stadi di serie A.

Ci ha raccontato di come un giorno lo vennero a prendere al negozio e lo portarono al pronto soccorso dove lo aspettava il figlio terrorizzato, più per la paura di una carriera calcistica finita prima di cominciare, che per il dolore al menisco. Ci ha raccontato di come una sbagliata valutazione e una radiografia non proprio tempestiva, eseguita dopo quasi due mesi dall'incidente, ha regalato al figlio una gamba più corta e una pensione da invalido civile.

Poi, è scattato il n.43 sul contatore. Il gentile signore ci ha lasciato con un sorriso e un proverbio coniato sul momento: "Di Totti, ce sono tanti in giro. I vetrai bravi sono diventati rari."

L'ho guardato un istante fare la sua richiesta al farmacista. Poi ho appallottolato la mia ricetta e sono uscito fuori.

L'ultima discesa senza mani

Quando si parla di Marco Pantani, la mente ci trascina su spericolati tornanti da scalare. Un'immagine predomina sulle altre: l'omino calvo dalla maglietta gialla, con le vene del collo sotto sforzo, uno sguardo improvviso per scegliere il momento giusto. E poi il vuoto.

18 febbraio 2004

Quando si parla di Marco Pantani, la mente ci trascina su spericolati tornanti da scalare. Un'immagine predomina sulle altre: l'omino calvo dalla maglietta gialla, con le vene del collo sotto sforzo, uno sguardo improvviso per scegliere il momento giusto. E poi il vuoto.

Il vuoto di una maschera da Pirata a nascondere paure, ansie e segreti. Pantani è stato l'omino descritto da una canzone di Gino Paoli, colonna sonora di qualche anno fa, alle dirette televisive del Giro d'Italia. L'omino che ha riportato il pubblico sportivo, a rieccheggiare le imprese dei miti del ciclismo: Coppi, Bartali, Binda. Personaggi che cavalcavano puledri di metallo e gomma e sudore e sangue. Puledri di leggenda. Pantani, uno di loro. Nell'era moderna delle immagini a colori, delle biciclette ultraleggere, dei 45 o anche 50 chilometri orari di media, che diventavano 90 nelle discese, da affrontare con la classica posizione ad "uovo", con la testa abbassata sul manubrio a scacciare la paura e il culo in aria a sfidare gli invidiosi.

Siamo rimontati tutti, uno alla volta sulle nostre vecchie biciclette da spolverare. Abbiamo percorso con l'immaginazione le strade del Pirata. Abbiamo vissuto le sue fatiche tra le vie dei nostri quartieri. Abbiamo creduto che la leggenda fosse cosa umana. L'abbiamo creduto fin da quel lontano 1994, quando lui, appena ventiquattrenne, sorprese gli scettici con i suoi 60 chili di rabbia e rischiò di detronizzare il passato, giungendo secondo a quella edizione del Giro d'Italia. Milioni di persone si sono incollati ai teleschermi o ai bordi delle strade, o a rincorrerlo a piedi per farsi mandare "a quel paese" per un po' d'acqua spruzzata sulla nuca. Milioni a sentirselo come figlio, fratello, eroe di solitudine. Le sue poche parole e i sorrisi soffocati. I suoi gesti programmati, i messaggi alla folla, la bandana lanciata sull'erba, il suono metallico del cambio e poi, via... a fuggire con lui verso i Gran Premi della Montagna, l'Ultimo Chilometro e un Traguardo di Speranza. Ci ha trascinato sulla Cima Coppi, sui Pirenei, sulle strade innevate, tra la nebbia, a cercare ancora quella maglia gialla di tristezza. E noi lo abbiamo seguito nei suoi successi, a Milano a trasformare il giallo in rosa e sui Champs Elisées a colorare il mondo di tricolori.

E lui ha vestito il costume dell'eroe di altri tempi. Senza fare domande. Senza aspettare risposte. E come eroe ha vissuto. E come eroe è morto. Due volte nella polvere... due volte sull'altare. Madonna di Campiglio, il palcoscenico del suo crollo sportivo. Accusato, umiliato, cacciato dal giocattolo che rischiava di rompersi. Squalificato, processato, esiliato e abbandonato. Infine assolto.

Pantani, l'elefantino dei francesi, il Pirata degli italiani. Respinto dal mondo che aveva fatto risorgere. Il Tour che rifiutò la sua iscrizione, per paura di contaminazioni culturali. Il Tour che ha insabbiato tra una tappa e l'altra, le confessioni di Virenque, l'eroe transalpino dallo stesso destino. Il Tour che non ha mai spiegato perché Indurain, il colosso spagnolo della Pamplona, ha dominato cinque edizioni del Tour, snobbando qualsiasi altra competizione ciclistica.

Ma noi ricordiamo, come gli elefanti, l'intervista che il "misterioso" ciclista rilasciò a Striscia la Notizia, l'anno scorso. Ricordiamo giovani atleti, passati al professionismo e poi subito ritirati per paure e pressioni che non hanno mai avuto spiegazioni logiche. Ricordiamo quella maglia gialla della Mercatone Uno, che dominò il Giro e il Tour nel 1998 per poi guardare il gruppo scappargli via, alle prime salite delle edizioni successive.

Il Pirata ci ha lasciato. Ieri sera, in una stanza d'albergo. Da solo, come tutti gli eroi.

Come Marylin, come Napoleone. E così vogliamo ricordarlo, prendendo a prestito i versi di Manzoni:

"Tu dalle stanche ceneri
sperdi ogni ria parola:
il Dio che atterra e suscita,
che affanna e che consola,
sulla deserta coltrice
accanto a lui posò."

Nota di edizione

Questo libro

"La ragazza prontamente ricambiò il lancio restituendo la pallina che il tennista aveva precedentemente scartato. Fu un breve scambio di sorrisi, poi il campione si posizionò per eseguire la battuta. Gamba destra avanzata rispetto alla sinistra. Un leggero ripiegamento delle ginocchia. Con la mano destra lanciò la palla in alto. Con la sinistra un perfetto slice oltrepassò la rete".

Questo libro raccoglie articoli pubblicati nel 2004-2022 da Piero Buscemi su *Girodivite*.

L'autore

Piero Buscemi è nato a Torino nel 1965. Redattore del periodico online www.girodivite.it, ha pubblicato : "Passato, presente e futuro" (1998), "Ossidiana" (2001, 2013), "Apologia di pensiero" (2001), "Querelle" (2004; nel 2021 in edizione ZeroBook), *L'isola dei cani* (2008, ZeroBook 2016), "Cucunci" (2011), "Le ombre del mare" (2017, edito da Bibliotheka), *Enne* (ZeroBook 2020). Ha curato l'antologia di poesie *Accanto ad un bicchiere di vino* (ZeroBook 2016); e le antologie di articoli di vari autori pubblicati su Girodivite: *Parole rubate* (2017), *Celluloide* (2017). Per il volume di poesie *Iridea* di Alice Morino (ZeroBook, 2019) ha contribuito con una scelta di suggestioni fotografiche. Vincitore di diversi premi letterari, alcuni suoi racconti e poesie sono contenuti in alcune antologie nazionali. Il romanzo "Querelle" è stato tradotto in inglese e pubblicato dalla Pulpbits Press (Stati Uniti). È tra i fondatori dell'Associazione culturale "Aromi Letterari" di Messina. Sostenitore Emergency, collabora con l'Avis (donatori sangue) ed è promotore delle iniziative di ActionAid Italia.

Le edizioni ZeroBook

Le edizioni ZeroBook nascono nel 2003 a fianco delle attività di www.girodivite.it. Il claim è: "un'altra editoria è possibile". ZeroBook è una piccola casa editrice attiva soprattutto (ma non solo) nel campo dell'editoriale digitale e nella libera circolazione dei saperi e delle conoscenze.

Quanti sono interessati, possono contattarci via email: zerobook@girodivite.it

O visitare le pagine su: https://www.girodivite.it/-ZeroBook-.html

Ultimi volumi:

Qualche parola (2015-2022) / di Luigi Boggio

Sonetti / di William Shakespeare ; tradotti in siciliano da Prospero Trigona

Edifici di città: Roma 2020-2021 / Pierluigi Moretti

Orientale Sicula : Proebbido entrari ed altri racconti / di Alfio Moncada

Perduti luoghi ritrovati : Poggioreale Antica / di Roberta Giuffrida

Enne / Piero Buscemi

Cortale, borgo di Calabria / di Pasquale Riga

Delitto a Nova Milanese : venticinque righe nelle "brevi" / Adriano Todaro

Abbiamo una Costituzione : Ideologie, partiti e coscienza democratica costituzionale / Gaetano Sgalambro

Emma Swan e l'eredità di Adele Filò / di Simona Urso

Otello Marilli / di Ferdinando Leonzio

Autobianchi : vita e morte di una fabbrica / di Adriano Todaro ; prefazione di Diego Novelli

Sei parole sui fumetti / di Ferdinando Leonzio

Sotto perlaceo cielo : mito e memoria nell'opera di Francesco Pennisi / di Luca Boggio

Accanto ad un bicchiere di vino : antologia della poesia da Li Po a Rino Gaetano / a cura di Piero Buscemi

Il cronoWeb / a cura di Sergio Failla

L'isola dei cani / di Piero Buscemi

Saggistica:

I Sessantotto di Sicilia / Pina La Villa, Sergio Failla (ISBN 978-88-6711-067-4)

Il Sessantotto dei giovani leoni / Sergio Failla (ISBN 978-88-6711-069-8)

Antenati: per una storia delle letterature europee: volume primo: dalle origini al Trecento / di Sandro Letta (ISBN 978-88-6711-101-5)

Antenati: per una storia delle letterature europee: volume secondo: dal Quattrocento all'Ottocento / di Sandro Letta (ISBN 978-88-6711-103-9)

Antenati: per una storia delle letterature europee: volume terzo: dal Novecento al Ventunesimo secolo / di Sandro Letta (ISBN 978-88-6711-105-3)

Il cronoWeb / a cura di Sergio Failla (ISBN 978-88-6711-097-1)

Il prima e il Mentre del Web / di Victor Kusak (ISBN 978-88-6711-098-8)

Col volto reclinato sulla sinistra / di Orazio Leotta (ISBN 978-88-6711-023-0)

Il torto del recensore / di Victor Kusak (ISBN 978-6711-051-3)

Elle come leggere / di Pina La Villa (ISBN 978-88-6711-029-2)

Segnali di fumo / di Pina La Villa (ISBN 978-88-6711-035-3)

Musica rebelde / di Victor Kusak (ISBN 978-88-6711-025-4)

Il design negli anni Sessanta / di Barbara Failla

Maledetti toscani / di Sandro Letta (ISBN 978-88-6711-053-7)

Socrate al caffé / di Pina La Villa (ISBN 978-88-6711-027-8)

Le tre persone di Pier Vittorio Tondelli / di Alessandra L. Ximenes (ISBN 978-88-6711-047-6)

Del mondo come presenza / di Maria Carla Cunsolo (ISBN 978-88-6711-017-9)

Stanislavskij: il sistema della verità e della menzogna / di Barbara Failla (ISBN 978-88-6711-021-6)

Quando informazione è partecipazione? / di Lorenzo Misuraca (ISBN 978-88-6711-041-4)

L'isola che naviga: per una storia del web in Sicilia / di Sergio Failla

Lo snodo della rete / di Tano Rizza (ISBN 978-88-6711-033-9)

Comunicazioni sonore / di Tano Rizza (ISBN 978-88-6711-013-1)

Radio Alice, Bologna 1977 / di Lorenzo Misuraca (ISBN 978-88-6711-043-8)

L'intelligenza collettiva di Pierre Lévy / di Tano Rizza (ISBN 978-88-6711-031-5)

I ragazzi sono in giro / a cura di Sergio Failla (ISBN 978-88-6711-011-7)

Proverbi siciliani / a cura di Fabio Pulvirenti (ISBN 978-88-6711-015-5)

Parole rubate / redazione Girodivite-ZeroBook (ISBN 978-88-6711-109-1)

Accanto ad un bicchiere di vino : antologia della poesia da Li Po a Rino Gaetano / a cura di Piero Buscemi (ISBN 978-88-6711-107-7, 978-88-6711-108-4)

Neuroni in fuga / Adriano Todaro (ISBN 978-88-6711-111-4)

Celluloide : storie personaggi recensioni e curiosità cinematografiche / a cura di Piero Buscemi (ISBN 978-88-6711-123-7)

Sotto perlaceo cielo : mito e memoria nell'opera di Francesco Pennisi / di Luca Boggio (ISBN 978-88-6711-129-9)

Per una bibliografia sul Settantasette / Marta F. Di Stefano (ISBN 978-88-6711-131-2)

Iolanda Crimi : un libro, una storia, la Storia / di Pina La Villa (ISBN 978-88-6711-135-0)

Autobianchi : vita e morte di una fabbrica / di Adriano Todaro

prefazione di Diego Novelli (ISBN 978-88-6711-141-1)

Dizionario politico-sociale di Nova Milanese : Passato e presente / Adriano Todaro (ISBN 978-88-6711-151-0)

Abbiamo una Costituzione : Ideologie, partiti e coscienza

democratica costituzionale / Gaetano Sgalambro (ebook ISBN 978-88-6711-163-3, book ISBN 978-88-6711-164-0)

La peste di Palermo del 1575 / di Giovanni Filippo Ingrassia (ebook ISBN 978-88-6711-173-2)

Permesso di soggiorno obbligato / redazione Girodivite (ebook ISBN 978-88-6711-181-7, book ISBN 978-88-6711-182-4)

Qualche parola (2015-2022) / di Luigi Boggio (ebook ISBN 978-88-6711-215-9)

Narrativa:

L'isola dei cani / di Piero Buscemi (ISBN 978-88-6711-037-7)

L'anno delle tredici lune / di Sandro Letta (ISBN 978-88-6711-019-3)

Emma Swan e l'eredità di Adele Filò / di Simona Urso (ISBN 978-88-6711-153-4)

Delitto a Nova Milanese : venticinque righe nelle "brevi" / Adriano Todaro (ebook ISBN 978-88-6711-171-8, book ISBN 978-88-6711-172-5)

Enne / Piero Buscemi (ebook ISBN 978-88-6711-179-4, book ISBN 978-88-6711-180-0)

Orientale Sicula : Proebbido entrari ed altri racconti / di Alfio Moncada (ebook ISBN 978-88-6711-193-0, book ISBN 978-88-6711-194-7).

Querelle / di Piero Buscemi (ebook ISBN 978-88-6711-201-2, book ISBN 978-88-6711-202-9)

Uno sporco anello / di Adriano Todaro (ebook ISBN 978-88-6711-205-0, book ISBN 978-88-6711-206-7)

Poesia:

Il bambino è il mondo / di Emanuele Gentile (ISBN 978-88-6711-197-8)

Raccolta di pensieri / di Adele Fossati (ISBN 978-88-6711-190-9)

Iridea / poesie di Alice Molino, foto di Piero Buscemi (ISBN 978-88-6711-159-6)

Il libro dei piccoli rifiuti molesti / di Victor Kusak (ISBN 978-88-6711-063-6)

L'isola ed altre catastrofi (2000-2010) di Sandro Letta (ISBN 978-88-6711-059-9)

La mancanza dei frigoriferi (1996-1997) / di Sergio Failla (ISBN 978-88-6711-057-5)

Stanze d'uomini e sole (1986-1996) / di Sergio Failla (ISBN 978-88-6711-039-1)

Fragma (1978-1983) / di Sergio Failla (ISBN 978-88-6711-093-3)

Raccolta differenziata n°5 : poesie 2016-2018 / di Victor Kusak (ISBN 978-88-6711-149-7)

Sonetti / di William Shakespeare ; tradotti in siciliano da Prospero Trigona (ISBN 978-88-6711-203)

Parole in versi / Adele Fossati (ISBN 978-88-6711-212)

Libri fotografici:

I ragni di Praha / di Sergio Failla (ISBN 978-88-6711-049-0)

Transiti / di Victor Kusak (ISBN 978-88-6711-055-1)

Ventimetri / di Victor Kusak (ISBN 978-88-6711-095-7)

Visioni d'Europa / di Benjamin Mino, 3 volumi (ISBN 978-88-6711-143_8)

Cortale, borgo di Calabria / Pasquale Riga (ISBN 978-88-6711-175-6)

Perduti luoghi ritrovati : Poggioreale Antica / di Roberta Giuffrida (ISBN 978-88-6711-191-6)

Edifici di città : Roma 2020-2021 / Pierluigi Moretti (ISBN 978-88-6711-199-2)

Opere di Ferdinando Leonzio:

Una storia socialista : Lentini 1956-2000 / di Ferdinando Leonzio (ISBN 978-88-6711-125-1)

Lentini 1892-1956 : Vicende politiche / di Ferdinando Leonzio (ISBN 978-88-6711-138-1)

Segretari e leader del socialismo italiano / di Ferdinando Leonzio (ISBN 978-88-6711-113-8)

Breve storia della socialdemocrazia slovacca / di Ferdinando Leonzio (ISBN 978-88-6711-115-2)

Donne del socialismo / di Ferdinando Leonzio (ISBN 978-88-6711-117-6)

La diaspora del socialismo italiano / di Ferdinando Leonzio (ISBN 978-88-6711-119-0)

Cento gocce di vita / di Ferdinando Leonzio (ISBN 978-88-6711-121-3)

La diaspora del comunismo italiano / di Ferdinando Leonzio (ISBN 978-88-6711-127-5)

Sei parole sui fumetti / di Ferdinando Leonzio (ISBN 978-88-6711-139-8)

Otello Marilli / di Ferdinando Leonzio (ISBN 978-88-6711-155-8)

La diaspora democristiana / di Ferdinando Leonzio (ISBN 978-88-6711-157-2)

Lentini nell'Italia repubblicana / di Ferdinando Leonzio (ebook ISBN 978-88-6711-161-9, book ISBN 978-88-6711-162-6)

Delfo Castro, il socialdemocratico / Ferdinando Leonzio (ebook ISBN 978-88-6711-169-5, book ISBN 978-88-6711-170-1)

La socialdemocrazia italiana fra scissioni e confluenze (1947-1998) / Ferdinando Leonzio (ebook ISBN 978-88-6711-177-0, book ISBN 978-88-6711-178-7)

Momenti di socialismo / di Ferdinando Leonzio (ebookISBN 978-88-6711-207-4, book ISBN 978-88-6711-208-1)

Parole rubate:

Scritti per Gianni Giuffrida: La nuova gestione unitaria dell'attività ispettiva: L'Ispettorato Nazionale del Lavoro / di Cristina Giuffrida (ISBN 978-88-6711-133-6)

WikiBooks:

La Carta del Carnaro 1920-2020 (ISBN 978-88-6711-183-1)

Webology : le "cose" del Web / a cura di Sergio Failla (ISBN 978-88-6711-185-5)

English books or bilingual:

Perduti luoghi ritrovati : Poggioreale Antica / di Roberta Giuffrida (ISBN 978-88-6711-196-6)

Visioni d'Europa - EuropÈs visions / di Benjamin Mino, 3 volumi (ISBN 978-88-6711-143_8)

Sonetti / di William Shakespeare ; tradotti in siciliano da Prospero Trigona (ISBN 978-88-6711-203)

Querelle / Piero Buscemi ; preface by Vincenzo Tripodo (ISBN 978-88-6711-209-8, press ISBN 978-88-6711-210-4)

Cataloghi:

ZeroBook: catalogo dei libri e delle idee 2012-...

Catalogo ZeroBook 2007

Catalogo ZeroBook 2006

Riviste e periodici:

Post/teca, antologia del meglio e del peggio del web italiano

ISSN 2282-2437

https://www.girodivite.it/-Post-teca-.html

Girodivite, segnali dalle città invisibili

ISSN 1970-7061

https://www.girodivite.it

il Notar Jacopo : rivista della Bibliotheca

https://https://www.girodivite.it/La-Biblioteca-di-OpenHouse.html

ZeroBook catalogo delle idee e dei libri

bimestrale

https://www.girodivite.it/-ZeroBook-free-catalogo-puoi-.html

www.ingramcontent.com/pod-product-compliance
Lightning Source LLC
Chambersburg PA
CBHW050142170426
43197CB00011B/1926